AF346634

RECUEIL

DE DIFFÉRENS

JEUX DE CARTES.

RECUEIL

DE DIFFÉRENS

JEUX DE CARTES,

CONTENANT

Le Piquet, le Piquet à écrire, le Reversis, la Bouillotte, l'Impériale, le Boston, le Boston aux deux couleurs, avec le mode des paiemens ; la Triomphe, le Vingt-un, le Trente-un, ou le Trente et Quarante, le Pharaon, la Mouche, la Brusquembille et le Lansquenet ;

Ainsi que la règle et la manière de jouer chaque jeu.

SE VEND A METZ,

Chez Mme VERRONNAIS, Imprimeur-Libraire, place de l'Hôtel-de-ville.

1817.

RÈGLES
DU JEU DE PIQUET.

DE tous les jeux de cartes connus, le piquet est le seul qui, depuis son origine, n'ait rien perdu de sa faveur. Cette préférence lui est due, parce que les diverses combinaisons qu'il exige prouvent, dans celui qui les saisit bien, une rectitude de jugement, et que, s'il amuse, ce n'est pas au moins aux dépens de la raison, comme les jeux de hasard qui ne présentent à l'esprit que de faux calculs.

Indiquer les règles d'un jeu avant d'en avoir donné les premières notions, ce ne serait pas procéder méthodiquement, car je dois supposer que ceux pour lesquels j'écris n'ont pas la plus légère idée du piquet : je vais donc entrer dans des détails bien minutieux pour ceux qui, connaissant la marche de ce jeu, n'ont besoin que de recourir à quelques règles de sévérité; mais j'ai cru devoir établir un plan différent de celui qu'ont suivi la plupart des écrivains sur les jeux, et qu'il valait mieux être prolixe que de n'être pas clair et précis.

Vingt-huit cartes composaient, lors de son invention, un jeu de piquet, chaque joueur en avait dix en main : et huit restaient, comme aujourd'hui, au talon : depuis on en a ajouté quatre, ce qui fait trente-deux.

Ces trente-deux cartes sont quatre *as*, quatre *rois*, quatre *dames*, quatre *valets*, quatre *dix*, quatre *neuf*, quatre *huit* et quatre *sept*. Elles sont distinguées par deux couleurs, rouge et noire, et par quatre dénominations : cœur et carreau sont les rouges ; trèfle et pique sont les noires.

Valeur de ces différentes cartes. L'as se compte pour onze points ; chaque figure pour dix points, et les autres pour le nombre de points qu'elles indiquent.

On nomme cartes blanches toutes celles qui ne sont point figures.

Les trente-deux cartes composent un total de trois cents points. L'as emporte le roi de sa couleur ; le roi, la dame de sa couleur ; le valet, le dix de sa couleur ; le dix, le neuf de sa

couleur ; le neuf, le huit de sa couleur ;
le huit, le sept de sa couleur.

Dispositions des cartes. Les cartes
ont une valeur en raison de leur dis-
position.

Exemple. Trois cartes de la même
couleur, qui se suivent, font une tierce
qui vaut trois points ; quatre, une quatrième qui vaut quatre points ; cinq,
une quinte (c'est le terme employé
au lieu de cinquième) qui vaut quinze
points ; six, une seizième (on devrait
dire sixième, septième, huitième ; mais
l'usage a prévalu, et l'on dit seizième,
dix-septième, dix-huitième, quoique
ces chances n'aient cette valeur que
dans le cas où elles sont bonnes, car
elles peuvent être égalisées, et alors
elles sont sans valeur réelle) qui vaut
seize points ; sept, une dix-septième,
qui vaut dix-sept points ; et enfin huit,
une dix-huitième qui vaut dix-huit
points.

Formation des tierces. Les tierces se
forment de six manières différentes. As,
roi et dame font une tierce majeure ;
roi, dame et valet une tierce au roi,
et ainsi de suite, comme aux quatrièmes.

Formation des quatrièmes. Quatre cartes de la même couleur font, comme je l'ai dit, une quatrième.

Les quatrièmes se forment de cinq manières différentes. As, roi, dame et valet, forment une quatrième majeure; roi, dame, valet et dix, une quatrième au roi; dame, valet, dix et neuf, une quatrième à la dame; valet, dix, neuf et huit, une quatrième au valet; dix, neuf, huit et sept, une quatrième au dix.

Formation des quintes. Cinq cartes de la même couleur font une quinte qui se forme de quatre manières différentes. As, roi, dame, valet et dix, font une quinte majeure; roi, dame, valet, dix et neuf, une quinte au roi; dame, valet, dix, neuf et huit, une quinte à la dame; valet, dix, neuf, huit et sept, une quinte au valet.

Formation des seizièmes. Six cartes de la même couleur font une seizième qui se forme de trois manières différentes. As, roi, dame, valet, dix, neuf, font une seizième majeure; roi, dame, valet, dix, neuf et huit, font une seizième au roi; dame, valet, dix, neuf, huit et sept, font une seizième à la dame.

Formation des dix-septièmes. Sept cartes de la même couleur font une dix-septième : on ne peut la faire que de deux manières. As, roi, dame, valet, dix, neuf et huit, font une dix-septième majeure ; roi, dame, valet, dix, neuf, huit et sept, une dix-septième au roi.

Formation d'une dix-huitième. Il est inutile de dire que cette chance ne peut avoir lieu que d'une seule manière.

Ce que c'est qu'un quatorze. Quatre cartes réunies comme il suit, forment un quatorze, parce qu'elles comptent pour quatorze points quand rien ne s'y oppose, comme il sera dit ci-après. Il y en a de cinq sortes : quatre as se désignent par quatorze d'as ; quatre rois, quatorze de rois ; quatre dames, quatorze de dames ; quatre valets, quatorze de valets ; quatre dix, quatorze de dix. Quatre neuf, quatre huit, quatre sept, quoique se trouvant respectivement réunis, ne forment point de quatorze.

Chances qui annullent celles de l'adverse partie. Le quatorze d'as annulle dans le jeu de l'adverse partie le quatorze de rois dont il serait porteur ; le quatorze de rois annulle, dans la même supposition; le quatorze de dames annulle le quatorze de valets; le quatorze de valets annulle le quatorze de dix. Une tierce majeure annulle (on conçoit bien que je veux toujours dire dans le jeu de l'adverse partie) une tierce au roi ou toute autre tierce. Une quatrième majeure annulle une quatrième au roi, ou toute autre quatrième; une quinte majeure annulle une quinte au roi, ou toute autre : une seizième majeure annulle une seizième au roi ou à la dame; une dix-septième majeure annulle la dix-septième au roi; une quatrième annulle toute espèce de tierce; une quinte annulle toute espèce de quatrième; une seizième annulle toute espèce de quinte; une dix-septième toute espèce de seizième; une dix-huitième annulle toute espèce de dix-septième.

Les chances ci-dessus, les quatorze exceptés, peuvent s'égaliser, c'est-à-dire se trouver dans le jeu des deux joueurs : alors ni l'un ni l'autre ne compte celle dont il est porteur.

Ce n'est qu'en développant un jeu de cartes devant celui que j'ai supposé n'avoir aucune notion du piquet, que je puis lui démontrer ce qui me reste à lui dire sur ce jeu ; les règles qu'on doit suivre en le jouant, se trouveront à présent naturellement liées au sujet.

Ce jeu, je crois l'avoir dit, ne peut se jouer qu'entre deux personnes, et pour plus de régularité on doit avoir deux jeux de cartes sur la table. Chacun en prend un, le mêle, le présente à son adversaire pour savoir qui fera le premier. Recevoir les cartes le premier étant un avantage, on s'en rapporte au hasard pour savoir quel est celui des deux qui l'aura. On coupe dans le jeu présenté, et la plus haute carte a la primauté.

Un joueur qui veut faire avantage à son adversaire, peut lui donner la main sans la tirer.

Celui qui fait mêler les cartes, les présente à son adversaire, qui a droit de les mêler à son tour : s'il en use, il faut que celui qui donne les mêle une seconde fois, puis il présente à couper.

La coupe doit toujours être franche, c'est-à-dire qu'en coupant il ne faut pas éparpiller les cartes, et toujours couper au moins à trois cartes du dessus ou du dessous du jeu.

L'usage est de couper au tiers du jeu.

On distribue douze cartes à son adversaire, et on en prend autant pour soi : cette distribution se fait deux par deux ou trois par trois.

Dans le cours de la partie on n'a pas le droit de changer sa donne, à moins d'avertir avant de mêler, en disant : *je vais donner par deux*, si l'on donnait par trois, ou *je vais donner par trois*, si l'on donnait par deux.

Sur les trente-deux cartes, vingt-quatre sont partagées entre les deux joueurs, il en reste huit qu'on pose sur le tapis : c'est ce qu'on appelle le talon. On ne doit point séparer les cartes, c'est-à-dire, mettre à part les cinq que l'adversaire doit prendre.

Lorsque vous aurez reçu ou relevé vos douze cartes, vous rassemblez vos couleurs.

J'ai dit à celui qui veut apprendre le piquet comment se formaient les quatorze, les tierces, les quatrièmes, etc. ; mais je ne lui ai parlé ni du point, ni de l'écart qu'il faut faire de cinq cartes, lorsqu'on est premier, ou de trois lorsqu'on est dernier, ni de trois sortes de hasard, qu'on nomme *pic, repic et capot*, ni enfin des différens coups dont l'exposition seule peut lui donner une idée juste.

Avant de mettre sous les yeux ce tableau, il faut qu'il sache encore qu'une seule tierce qui n'est point parée par une supérieure ou par une égale, met celui qui est porteur de cette tierce dans le cas de compter toute autre tierce, même la plus basse qu'il aurait dans son jeu.

Soient tierce majeure, tierce au dix, et tierce au neuf; chacune de ces tierces se compte, quand l'adverse partie en aurait une, deux et même trois au roi dans son jeu, ainsi de suite. La quatrième, la quinte, la seizième, produisent à bien plus forte raison le même effet.

A présent qu'il suive des yeux les cartes que je viens de recevoir. Je suppose que je suis premier en cartes, c'est-à-dire que ce soit à moi à écarter cinq cartes et à en prendre cinq.

Soient mes cartes. As, dame, valet, dix et neuf de pique; roi, valet, neuf et huit de trèfle; valet et sept de cœur, neuf de carreau. Je range d'abord mes couleurs et place mes cartes suivant leur valeur, commençant par la couleur dans laquelle j'ai plus de cartes pour former mon point. Je mets donc mes cinq piques, puis mes quatre trèfles, mes deux cœurs et mon neuf de carreau. Ces cinq piques forment quarante-neuf points, mes trèfles trente-sept, mes cœurs dix-sept, et mon carreau neuf. Nul doute que je doive donner la préférence à mes piques, qui, outre leur plus grande valeur en nombre que mes autres cartes, ont encore pour moi l'avantage de me former une quatrième à la dame. Dans les cinq cartes que j'ai à prendre, il peut me rentrer ou le roi ou le huit de pique, ce qui, dans le premier cas, me composerait une seizième majeure, dans le second, une quinte à la dame.

D'après mon jeu, je puis supposer que mon adversaire a en main sept carreaux, qui, conséquemment seront meilleurs que mes cinq piques, d'abord par le nombre de points, puis parce qu'ils formeraient une quinte majeure ; mais je ne crains point de quatorze, puisque j'ai un as, un roi, une dame, trois valets et un dix, et j'ai la chance, dans les cinq cartes que j'ai à prendre, de lever un valet qui me formerait un quatorze de valets. Je mets donc à l'écart mon roi, neuf et huit de trèfle, mon sept de cœur et mon neuf de carreau; et je prends l'as et le valet de carreau, le huit de pique, le dix et le sept de trèfle. Mon adversaire avait, en allant aux cartes, roi, dame, dix, huit et sept de carreau; dix, neuf et huit de cœur; roi et sept de pique; as et dame de trèfle.

Le jeu du dernier étant de chercher à se garder, c'est-à-dire à conserver une carte qui puisse garantir le roi dont il n'a pas l'as; à en conserver deux lorsqu'il le peut sans trop déranger son jeu, pour garder les dames de la couleur desquelles il n'a ni l'as ni le roi; à garder enfin ses valets par trois cartes inférieures, quand il n'a ni l'as, ni les rois, ni les dames de la couleur de ces valets, bien certain que c'est dans une de ces couleurs que son adversaire l'attaquera, n'ayant d'ailleurs que trois cartes à jeter et trois à reprendre, son écart doit être moins hardi et plus réfléchi que celui du premier ; en conséquence, mon adversaire a sacrifié trois carreaux qui étaient les cartes de son point, et a gardé des cœurs, son roi et son sept de pique, ayant à craindre six piques, l'as et la dame de trèfle, le roi, la dame et le dix de carreau. Son jeu était de jeter ses trois cœurs, car il ne pouvait pas prévoir qu'il prendrait la tierce majeure de cette couleur, et son mal joué le sauve du grand coup, c'est-à-dire du *repic*, puisqu'il ne sera que *pic*, c'est ce que je vais démontrer en comptant mon jeu et en jouant mes cartes ; mais avant de les jouer il faut dire ce que c'est que le *pic* et *repic*.

Il y a trois hasards dans le jeu de piquet ; *pic*, *repic* et *capot*.

Lorsque l'un des deux joueurs ne peut rien compter, et que l'autre porte, supposons une quinte et un quatorze, et que son point est bon, il dit, s'il n'a que les cinq cartes de sa quinte, quinze pour la quinte et cinq de point font vingt ; quatorze de valets, ou tout autre, font quatre-vingt-dix. Si cette quinte n'était qu'au roi, à la dame ou au valet, et que l'adversaire eût l'as de votre quinte, ou suivant la chance, la tierce majeure, il se pourrait que vous ne fissiez qu'un seul point et que même il vous fît *capot*, c'est-à-dire qu'il fît toutes les levées. Ce coup est rare, mais peut arriver. Il est beaucoup moins rare qu'avec votre quinte inférieure, votre quatorze et votre point, vous ne puissiez pas du même coup faire vos cent points qui complètent la partie de piquet, qu'on met cependant quelquefois en cent cinquante.

Après avoir joué le coup précédent, je donnerai l'exemple du *capot*.

J'accuse, en ma qualité de premier, cinquante-huit de point en pique, mon adversaire qui en a cinquante-huit en cœur, répond que le point est égal. En conséquence je n'ai à compter que ma quinte qui me fait quinze, et quatorze qui me fait vingt-neuf, et en jouant mon as de pique, je dis soixante, ce qui fait *pic*, parce que mon adversaire n'a pu rien compter.

Sur mon as de pique il fournit son sept de pique, je joue ma dame et je dis soixante-un. Il la prend du roi de pique et compte un; il joue ses cœurs qui, avec le point précédent, font

sept. Sur ces six cœurs, je fournis
mon valet de cœur, puis quatre piques,
qui me restent et un petit trèfle; on
ne renonce sur une couleur que lorsqu'on n'en a pas, et alors on est maître
de fournir celle qu'on veut.

Mon adversaire reste avec la dame
de carreau, as et dame de trèfle; je
reste avec as et valet de carreau, valet et dix de trèfle. Il peut soupçon-
ner que j'ai jeté à l'écart mon as de
carreau, et que j'ai encore en main
trois trèfles; et lors même qu'il ne le
soupçonnerait pas, son jeu est de conserver son as de trèfle pour la dernière carte qui compte deux points.
Ainsi il joue son roi de carreau, et
dit huit, je prends de mon as, en
comptant soixante-deux, je joue mon
valet de carreau, qui m'a fait soixante-trois, il le prend de sa dame
et compte neuf, joue la dame de trèfle
qui lui fait dix, et son as douze, puis
vingt des cartes, trente-deux. Il a donc
trente-deux points et moi soixante-trois,
et ces trente-deux points, il ne les a
que parce qu'il a fait un écart hors
de la règle; puisqu'il aurait été repic
s'il eût écarté ses carreaux, au lieu de
ses cœurs, comme il aurait dû le faire.

Exemple du capot, contre une quinte, et un quatorze fait par le dernier. Je suis premier; soient mes cartes, ainsi qu'il suit: as, roi, dame, dix et sept de trèfle; dix, neuf, huit et sept de pique; as, roi et huit de carreau. Mon écart est forcé, je jette mes quatre piques et mon huit de carreau, il me rentre dame, dix et neuf de carreau, as de cœur et roi de pique.

Mon adversaire a, en allant aux écarts, une seizième au roi de cœur, les trois autres valets, l'as de pique, le neuf de trèfle et le sept de carreau. Il ne peut écarter, ni une carte de la seizième, ni son quatorze de valets, il faut donc qu'il sacrifie son as unique, le neuf et le sept de carreau; il lui rentre le sept de cœur qui forme une dix-septième en cette couleur, la dame de pique et le huit de trèfle. Son point et sa dix-septième sont bons, ainsi que son quatorze.

Son adversaire ne pouvant rien compter, il dit: dix-sept et sept de point font vingt-quatre et quatorze, quatre-vingt-dix-huit; parce qu'étant arrivé au point de trente, comme je l'ai dit plus haut, il compte quatre-vingt-dix et au-dessus, à mesure qu'il y a des points à compter au-dessus de trente; mais qu'il fût premier ou dernier, ayant son as de pique à l'écart, et son adversaire n'ayant que le roi de cette couleur, il est capot sur table et ne peut pas faire une seule levée. Le premier, ne soupçonnant pas cet as de pique à l'écart, joue ses cinq carreaux, sur lesquels on jette quatre cœurs et le valet de carreau, puis ses cinq trèfles sur lesquels on jette huit de trèfle, valet de trèfle, les trois autres cœurs, dans l'idée que le premier aura écarté l'as de cœur, et qu'il aura gardé deux piques. Il joue enfin l'as de cœur qui aurait toujours pris, et le roi de pique, sur lesquels on jette dame et valet de pique.

L'écart a ses règles fixes, mais plus encore pour le dernier que pour le premier: le premier s'en éloigne quelquefois, sans que cela nuise à son jeu; mais le dernier donne souvent un terrible avantage sur lui, négligeant ces règles dont au reste on ne peut donner une idée certaine que par des exemples multipliés.

Soit mon jeu, ainsi qu'il suit, comme premier. As, roi, dame, valet et sept de cœur ; as, dame et valet de pique ; roi, valet et huit de trèfle, neuf de carreau, quel sera mon écart ? En premier il faut, je crois l'avoir déjà dit, conserver l'avantage de la carte, c'est-à-dire que, pour faire plus de levées que son adversaire, on doit ne jamais se démunir de son point. Ainsi je mets à l'écart, roi, valet et huit de trèfle, valet de pique et neuf de carreau.

J'ai, pour carte de rentrée, le neuf et le huit de cœur, le dix et le neuf de pique, le neuf de trèfle.

Soit le jeu de mon adversaire. As, dame, dix et sept de trèfle ; as, valet, huit et sept de carreau ; roi, huit et sept de pique ; dix de cœur ; il a mis à l'écart huit et sept de carreau, sept de pique ; il a repris roi, dame et dix de carreau qui lui forment une quinte majeure. Au moyen de votre écart, fait suivant la règle, vous avez votre point bon ; et en allant aux cartes vous les aviez égalés en main. Une seule rentrée ou dans votre point, ou supérieure en toute autre couleur, vous les faisait gagner ; et au lieu d'une seule, vous en avez pris deux. Vous comptez, par conséquent, sept de votre point, et sept en jetant vos sept cœurs, font quatorze, quinze de l'as de pique, seize de la dame, en tout vingt-six points. Son adversaire a sa quinte majeure que vous n'avez pu parer, et trois dix qui lui font dix-huit; il compte dix-neuf; en prenant votre dame de pique, vingt de l'as de carreau, vingt-un roi, vingt-deux et vingt-trois pour son as de trèfle qui est la dernière levée; pour fournir à vos sept cœurs, il a fallu qu'il jetât ses trèfles, l'as excepté; ses carreaux, le roi et l'as exceptés. Quoique, par ce coup, vous n'ayez pas eu l'avantage sur lui, vous avez cependant fait ce qu'on appelle le coup de premier, qui est de vingt-cinq à vingt-six.

Avant d'indiquer les règles générales du piquet, celles qui sont d'usage ordinaire, comme celles qui sont de sévérité, c'est-à-dire qu'on ne suit que lorsque le jeu est très-intéressé, ou quand on le joue dans une académie ou club; je ne dois pas oublier qu'on n'est pas toujours obligé d'écarter cinq cartes lorsqu'on est premier, ou trois en dernier. Un premier peut n'en écarter que quatre, trois, deux ou une: un dernier, deux ou une. Cela dépend du jeu ; mais dans tous les cas, l'un et l'autre sont obligés d'en prendre une. Le premier, s'il craint un repic en laissant des cartes, doit plutôt sacrifier de son jeu que de courir ce danger : car les cartes qu'il laisse tomber dans les mains de son adversaire, qui peut alors prendre les sept, ou six, ou cinq, ou quatre, etc., a dans cette reprise, une chance presque assurée. Le dernier, au contraire, ne court point de danger, en laissant une ou deux cartes, parce qu'elles restent au talon. Seulement son adversaire, comme premier, a le droit de demander à les voir, en indiquant toutefois la couleur dans laquelle il jouera la première carte.

Un exemple rendra plus clair ce que je viens de dire.

Soient mes cartes, comme premier. As, roi, dame, valet, dix, neuf et sept de cœur ; as de pique, as de carreau ; as, roi et valet de trèfle, il est clair que je crains sept carreaux, qui feront une dix-septième au roi, et sept piques qui feront aussi une dix-septième. Cependant je ne dois pas sacrifier un de mes cœurs, puisqu'ils m'assurent le point, ni mon quatorze d'as ; je ne peux donc jeter que deux trèfles, le roi et le valet; mais je dois compter qu'en laissant quatre cartes, au lieu de n'en laisser que trois, j'embarrasse davantage mon adversaire; et qu'en second lieu, ma carte de rentrée pouvant être pour lui, soit un pique, soit le valet de trèfle, il se trouvera embarrassé pour savoir quelle carte il gardera, à l'effet de parer le capot, puisque je le conduirai à la dernière carte; dans ce cas, je n'en prends qu'une, je jette mon valet de trèfle, et je prends le dix de pique.

Le jeu de mon adversaire était ainsi : La quinte au roi de carreau, la quatrième basse en trèfle et la tierce basse en pique. Il n'a pas eu à balancer pour ne garder que sa quinte, et jeter ses piques et ses trèfles. Les quatre cartes que je lui ai laissées étaient huit et sept de carreau, huit de cœur et dame de trèfle. (Ces quatre cartes, comme premier, j'ai eu le droit de les voir avant qu'il les prît); et les trois autres, la tierce au roi de pique. Au moyen de la dix-septième, il a paré le grand coup; et forcément en raison de la tierce au roi de pique, il a paré le capot, puisque ces piques étaient naturellement les seules cartes qui pouvaient lui rester en mains après avoir fourni à mes cœurs mes as de pique et de carreau, mon as et mon roi de trèfle.

Venons maintenant aux règles générales. Elles seront mieux comprises, après tout ce qui a précédé, que si j'avais commencé par les indiquer.

Règles générales et particulières.

Si celui qui donne les cartes en donne treize à son joueur ou à lui, il est libre, au premier en carte de se tenir à son jeu ou de refaire ; mais s'il tient lorsqu'il a treize cartes, il doit laisser les trois cartes au dernier, et n'en prendre que quatre ; et si c'est le dernier qui les a, il en prend toujours trois.

Si l'un des joueurs se trouvait avoir quatorze cartes, n'importe lequel, il faut refaire le coup.

S'il y a une carte retournée dans le talon, le coup est bon si la carte retournée n'est pas celle de dessus, ou la première des trois du dernier.

Le joueur qui tourne, et voit une ou plusieurs cartes du talon de son adversaire, est condamné à jouer telle couleur que son adversaire voudra, s'il est premier à jouer.

La première chose qu'il faut examiner dans son jeu, c'est si l'on a cartes blanches: si on les avait, on compterait dix, même avec le point.

Les cartes blanches s'accusent avant d'aller au talon, et quand on est dernier, comme on est tenu de les montrer, on ne les met sur table que lorsque l'adversaire a fait son écart.

Le premier est obligé, comme on pense bien, de les montrer.

Ces dix, qu'on compte pour des cartes blanches, servent à faire le pic et repic, et à les parer.

Quand on a accusé, soit son point, soit ses tierces, quatorzième, quinte, etc., il faut les étaler sur le tapis; sans cela l'adversaire compterait son jeu, encore qu'il valût moins que le vôtre.

Les quatorze s'accusent et ne se montrent point.

Celui qui accuserait un quatorze qu'il pourrait avoir, mais dont il aurait écarté une des cartes qui le formaient ne compte rien, lorsque son adversaire s'en aperçoit: il en est de même pour accuser trois cartes qu'on n'a pas.

Qui prend plus de cartes qu'il en aurait écartées, ou s'en trouve en jouant plus qu'il faut, ne compte rien, et n'empêche pas l'autre de compter tout ce qu'il a dans son jeu.

Qui prend moins de cartes, ou s'en trouve moins, peut compter tout ce qu'il a dans son jeu, n'y ayant point de faute à jouer avec moins de cartes; mais son adversaire compte toujours la dernière.

Qui a commencé à jouer, et oublié de compter cartes blanches, son point, ses tierces, etc., n'est plus reçu à les compter après; et tout cet avantage devient nul pour lui.

Lorsqu'avant de jouer la première carte, on ne montre pas à son adversaire ce qu'on a de plus haut que lui, on le perd; et il compte son jeu pourvu qu'il compte avant de jouer sa première carte.

Il n'est pas permis d'écarter à deux fois, c'est-à-dire que du moment qu'on a touché le talon, après avoir écarté telle carte, on ne peut plus la reprendre.

Il n'est pas permis au joueur de regarder les cartes qu'il prendra, avant d'avoir écarté.

Celui qui a écarté moins de cartes qu'il n'en prend, et s'aperçoit de sa faute, avant d'en avoir retourné aucune, est reçu à remettre ce qu'il a de trop, sans encourir aucune peine, pourvu que son adversaire n'ait pas pris les siennes.

Si celui qui donne deux fois de suite, reconnaît sa faute avant d'avoir vu aucune de ses cartes, son adversaire sera obligé de faire, quoiqu'il ait vu son jeu.

Quand le premier accuse ce qu'il a compté dans son jeu et que l'autre lui a répondu que c'est bon, s'il s'aperçoit ensuite, en examinant mieux son jeu, qu'il s'est trompé, pourvu qu'il n'ait point joué, il est reçu à compter ce qu'il a de bon, et efface ce que le premier aurait compté.

Quoique cette règle soit écrite, et qu'on soit obligé de la suivre, il n'en est pas moins vrai qu'elle n'est pas juste; car souvent pour masquer son écart, on ne compte point ou une tierce, ou trois cartes, etc.; or il s'ensuit que lorsqu'on a connaissance du jeu de son adversaire, on revient sur ce qu'on aurait passé sous le silence, par la raison que je viens de déduire, ce qui me paraît contraire à la justice.

Quand pouvant avoir un quatorze, de quelque espèce que ce soit, on a écarté une carte qui formait un quatorze, par exemple de rois, et qu'on en accuse que trois, l'adversaire a le droit de demander quel est le roi qui est à l'écart, de même pour les autres quatorze.

S'il arrivait que le jeu de cartes se rencontrât faux de quelque manière que ce fût, le coup seulement où l'on se serait aperçu, et non les précédens, serait nul.

Toute carte lâchée et qui a touché le tapis, est censée jouée; si pourtant on n'était que second à jouer, et qu'on eût couvert une carte de son adversaire qui ne fût pas de même couleur, et qu'on en eût, on pourrait la reprendre : on ne peut pas renoncer à la couleur.

Celui qui, pour voir les cartes que laisse le dernier, dit, je jouerai dans telle couleur, peut être contraint d'en jouer s'il ne le faisait pas.

Celui qui, par mégarde ou autrement, tourne ou voit une carte du talon, doit jouer de la couleur que son adversaire voudra.

Celui qui ayant laissé une des cartes

du talon, la mêle à son écart avant que de l'avoir montrée à son adversaire, peut être obligé de lui montrer tout son écart, après qu'il lui aura nommé la couleur dont il commencera à jouer.

Celui qui prend des cartes dans son écart, ou est surpris à en changer, perd la partie.

On pense bien qu'un pareil homme ne se trouve pas, ou ne doit plus se trouver avec des gens honnêtes.

Celui qui quitte la partie avant qu'elle soit terminée, la perd.

Celui qui, croyant avoir perdu, brouille ses cartes avec le talon, perd la partie, quoiqu'il aperçoive ensuite qu'il l'aurait gagnée.

Celui qui étant le dernier, prendrait les cartes du premier avant qu'il eût eu le temps d'écarter, et les aurait mêlées à son jeu, perdrait la partie.

Quand on a un quatorze en main qui doit valoir, on n'est pas obligé de le désigner ; on dit seulement quatorze ; mais si l'on pouvait en avoir deux dans son jeu, et que l'on n'en ait qu'un, on est obligé de le nommer.

JEU DE PIQUET A ÉCRIRE.

CETTE première manière de jouer le Piquet est fort en usage parmi les honnêtes gens qui en forment par-là un jeu d'une grande société, puisqu'on y peut jouer trois, quatre, cinq, six et sept personnes. Il n'y a cependant que deux de ces joueurs qui jouent à la fois, et tous les autres ensuite alternativement.

Lorsque l'on joue au Malheureux, celui qui est marqué continue à jouer, et celui qui marque est relevé par celui des joueurs qui attend que l'un des joueurs sorte le coup fini, chacun relevant à son tour; au lieu que lorsqu'on joue à tourner, on commence par un côté, et l'on tourne toûjours du même côté: par exemple, je commencerai la partie avec le joueur qui sera à ma droite; après que nous aurons joué notre coup, il jouera encore un coup avec le joueur de sa droite, et ainsi des autres; c'est la manière la plus égale de jouer ce jeu.

3 *

Avant de commencer à jouer, il faut convenir combien l'on jouera de roi et de tours, si c'est six, neuf ou douze rois plus ou moins; un roi c'est deux tours, et un tour c'est deux coups: on l'appelle encore Ide en plusieurs provinces. Il faut, pour qu'un tour soit joué, que chacun des deux joueurs ait mélé une fois; l'on convient ensuite de la valeur de chaque point, soit un sou, deux sous, ou davantage si l'on veut; l'on voit après à qui fera.

L'on joue du reste selon les règles du Piquet, et chacun des deux joueurs fait une fois seulement, et l'on compte à demi-tour les points que l'on fait de plus que son adversaire, en les marquant avec des jetons: par exemple, on suppose que du premier coup l'un des deux joueurs ait fait vingt points, et son adversaire dix; c'est dix points que le premier a contre l'autre, et qu'il marque avec des jetons jusqu'à ce que le second coup soit joué: si dans ce second coup, celui qui a les dix points sur l'autre n'en faisait encore que dix, et que son adversaire en fît quarante, ce serait vingt points que celui-ci aurait plus que lui de ce second coup, parce que de quarante points il faudrait en rabattre vingt points; savoir, dix du coup précédent, et dix du second coup; par conséquent, il resterait vingt points que l'on écrirait pour le perdant, et ainsi des autres coups.

Cependant, comme l'idée qu'on vient de donner n'est pas suffisante pour certaines gens qui ne se contentent pas de voir les choses, mais qui veulent encore les toucher, on leur donnera une table ci-après qui leur apprendra la manière dont ils doivent marquer ceux qui perdent: observez seulement que tous les points qui se trouvent au-dessous de cinq ne sont comptés pour rien, et que cinq points ou au-dessus valent dix.

Par cette raison, quinze points en vaudront contre le marqué autant que vingt-quatre, c'est-à-dire, qu'ils seront marqués pour vingt, et ainsi des autres. Si l'on est trois joueurs, l'on fait trois colonnes; à la tête de chacune on met le nom d'un joueur, laquelle on remarque à mesure qu'il est marqué.

3**

TABLE

Qui marque douze Rois ou douze Tours joués.

JEAN.	PIERRE.	DENIS.
30	30	60
40	40	100
100	30	40
30	50	90
70	50	70
90	60	100
50	30	30
60	80	30
addition.	*addition.*	*addition.*
470	370	510

Voilà donc les colonnes de chaque joueur marquées des points qu'ils ont perdus dans le cours de douze rois qu'ils ont joués; il faut, après cela, additionner chaque colonne, pour voir à combien les points montent, et les ranger comme on va le voir.

ADDITION DES POINTS DES JOUEURS.

  Jean. . . . . 470 points.
  Pierre. . . . 370
  Denis. . . . 510

  Total 1350 points, qu'il faut diviser entre trois personnes ; ce qui fait pour chacune, 450 points. Cette division étant faite, chaque joueur prend sa rétribution ; de manière que Pierre qui n'a que 370 points, gagne 80 points, parce qu'il lui manque ce nombre pour se remplir des 450, qui font son tiers dans 1350 points ; ainsi, Jean qui est marqué de 470 points, perd 20 points, à cause qu'il a ce même nombre au-dessus de 450 ; et par la même raison, Denis perd 60 points, ayant ce même nombre au-dessus de 450 : lorsqu'il y a quelque dixaine de surnuméraire, elle est au profit de celui qui perd le plus.

Observez encore qu'il se paye ordinairement une consolation à ce jeu, qui est de 20 par marque, plus ou moins, ainsi qu'on en convient ; ensorte que si elle est de 20, le joueur qui est marqué de 30 par le jeu, est marqué de 50 en perte, et ainsi des autres.

Seconde manière de jouer le Piquet à écrire.

Cette manière est moins embarrassante en ce qu'il n'est pas besoin de plumes ni de papier, ni d'addition, la voici :

Chaque joueur prend la valeur de six cents marques en cinq fiches et dix jetons; chaque fiche vaut dix jetons, et chaque jeton est compté pour dix marques; de façon qu'un joueur marqué de trente, en mettant trois jetons paye. L'on joue du reste le jeu de la même façon qu'en écrivant. L'on peut jouer un contre un, se payant ce dont l'on est marqué l'un à l'autre; l'on fait la consolation aussi forte que l'on veut.

L'on joue également ce jeu deux contre deux; ce sont même les parties ordinaires, ou deux contre un: on appelle celui qui joue seul contre deux, la Chouette.

Pour toutes ces façons de jouer, vous aurez recours aux règles, qui sont les mêmes pour tout ce qu'on appelle Piquet.

JEU DU REVERSIS.

LE jeu du reversis est un jeu que nous tenons des Espagnols, et qui demande une grande attention de la part des joueurs.

On l'appelle reversis de la manière de le jouer, qui est toute opposée à celle des autres jeux de cartes, dans lesquels celui qui fait le plus de levées, gagne, au lieu que dans celui-ci, c'est celui qui en fait le moins.

Pour jouer le reversis, on peut être quatre ou cinq personnes. Il y a quarante-huit cartes dans le jeu, les dix n'y étant pas ordinairement. Il y a cependant des endroits où on les laisse pour rendre le reversis plus difficile à jouer.

Après avoir tiré à qui mêlera, comme dans les autres jeux, celui que la carte a décidé présente les cartes battues à sa gauche pour être coupées, et les partage toutes aux joueurs, trois à trois, excepté trois, lorsqu'on joue quatre, et deux ou sept, si l'on joue cinq, qui restent au talon. On peut écarter une carte de son jeu, que l'on met dessous le talon, pour remplacer celle qu'on en ôte ; ou si l'on ne veut point écarter, on est libre de voir au talon celle qu'on aurait prise en cas d'écart ; mais ceci doit se faire chacun selon son rang ; le premier en cartes ayant droit de commencer, le second ensuite, et ainsi des autres. Celui qui mêle les cartes doit toujours s'en donner une de plus qu'aux autres joueurs, et n'en prend jamais au talon : mais il est obligé d'y mettre, après l'examen de son jeu, celle de ses cartes qu'il juge à propos ; ce qui fait que le talon qui n'était, avant que les joueurs eussent écarté et pris, que de trois cartes, est de quatre, quand on commence à jouer. Les cartes ne changent pas de valeur ; ce jeu n'a point de triomphe et l'on est obligé de donner une carte de la couleur qu'on joue. Lorsque le valet de cœur ou le quinola est jeté en renonce, celui qui s'en défait gagne le jeu. Celui qui est forcé de donner le quinola sur du cœur, ou qui le joue lui-même, n'ayant pu le jeter en renonce, fait la bête de ce qu'il y a sur le jeu. Celui qui fait partir le quinola, gagne, à celui qui le lâche, quatre jetons ou plus, et un à chaque joueur, selon la convention faite avant de jouer. Celui qui prend la levée où le quinola se trouve en renonce, paie deux marques ou plus à celui qui l'a jeté sur trèfle, pique ou carreau.

Si celui qui a fait, lève moins de cartes que les autres, et si dans ses cartes

il n'y a ni as, ni roi, ni dame, ni valet, ou même s'il y en a moins qu'ailleurs, il gagne le talon, qui vaut selon
qu'on en est convenu.

Lorsque deux joueurs sont égaux, le
plus près de celui qui a fait à gauche,
gagne le talon; mais celui qui n'a pas
de levée l'emporte sur lui, quoiqu'il
n'ait point de cartes qui marquent.

Le talon se paye sur la valeur des
cartes qu'il contient; et cette valeur,
en ce cas, est de cinq pour les as, quatre
pour les rois, trois pour les dames et
deux pour les valets.

Le talon se paye à celui qui a le
moins de point dans son jeu; et, s'il y
a égalité de points, c'est au premier à
le payer.

Celui qui renonce fait la bête, ou
paye une autre amende si l'on en est
convenu. On ne doit point jouer avant
son tour, sous peine de payer un jeton
à tous les joueurs. Le premier en cartes
doit toujours jouer du cœur s'il en a;
mais personne n'en peut écarter. Quand
on jette un as en renonce sur une autre
couleur, on gagne, de celui qui le lève,
ce dont on est convenu. Mais le joueur
qui doit commencer à jeter, ne gagne

ni ne perd rien s'il joue un as. On gagne le double pour l'as de cœur jeté en renonce. Un joueur qui est forcé de lâcher l'as de la couleur jouée, paye, à celui qui l'y force, ce qu'il en aurait reçu s'il se fût défait de son as en renonce. L'as de cœur gagne encore le double dans ce cas. Si le jeu n'est pas complet, ou que les cartes soient mal mêlées, l'on doit refaire. Voilà les règles d'un usage général et ordinaire dans le jeu de reversis. Cependant elles ne laissent pas d'avoir quelques exceptions, comme dans ce cas. Quoique nous ayons dit qu'il ne fallait point écarter de cœur, selon les bonnes règles, on ne laisse pas de le faire quand un joueur n'emporte que le roi ou la dame, n'ayant plus de cœur dans son jeu, et ne pouvant faire une redouble pour forcer le quinola. Si l'on joue un quinola forcé, celui qui l'a, manquant de cœur pour le défendre, a droit de le jeter, à moins que son jeu ne soit de le garder. Quoiqu'on ne joue pas au quinola forcé, il l'est toujours dans les deux premiers tours, après lesquels on est libre de le garder ou de le jeter, fût-il seul, selon qu'on le juge le plus avantageux pour son jeu. Dans le cas où le quinola est écarté ou forcé, et que personne ne gagne la poule, chacun remet deux jetons pour la rafraîchir, et on ne paie les bêtes qui sont sur le jeu, qu'après les avoir levées, encore l'une après l'autre, faisant mettre la plus grosse la première. Il n'y a que les bêtes de renonce qui se paient avec une autre ou avec la poule. Quand celui qui a dans son jeu une haute et une basse carte, fait la main, il doit prendre de sa haute, pour ne lever que peu de cartes, et jouer ensuite la basse pour mettre son compagnon en jeu, et lui faire prendre les autres cartes qui restent à jouer, s'il se peut ; par cette adresse on ne perd point le talon. Le reversis est exempt de payer le talon. Celui qui a plusieurs cartes de la couleur de celle qu'on a jouée, peut la prendre ou la laisser à son gré. Tout bon joueur doit s'appliquer à gagner le talon, ou du moins à ne pas le perdre. Il faut toujours fournir, si l'on peut, des cartes au-dessous de celle qu'on a jouée, puisque pour gagner le talon, il ne faut point faire de main, ou en faire moins que les autres.

Reversis signifie encore non-seulement

la poule et le paiement de deux jetons fait par chaque joueur, mais encore une remise de tous les jetons que celui qui fait le reversis a pu payer dans le coup.

Faire le reversis, en terme de jeu, c'est gagner, en faisant toutes les levées, la poule, deux jetons de chaque joueur, et ceux qu'on a pu payer dans le coup, et priver le quinola, jeté en renonce, de ses droits ordinaires.

On appelle quinola le valet de cœur.

JEU DE LA BOUILLOTTE.

CE jeu, l'un des plus usités maintenant dans les sociétés, n'a pas encore de règles bien connues : il a beaucoup d'analogie avec le brelan; mais cependant il existe entre ces deux jeux une différence sensible, que nous ferons remarquer en établissant les principes de la bouillotte.

Ce jeu se joue avec un jeu de trente-deux cartes, dont on supprime les sept, ce qui le réduit à vingt-huit.

On le joue ordinairement à cinq. La

mise de chaque joueur est de cinq jetons
et cinq fiches, valant chacune cinq jetons.

Pour déterminer les places, on prend
dans le jeu cinq cartes ; un as, un roi,
une dame, un valet et un dix, peu importe qu'elles soient de même couleur.
On les mêle ; chaque joueur en prend
une qui règle sa place.

Quoique l'as soit la première carte
du jeu, cependant il est d'usage que
ce soit le roi qui donne les cartes le
premier.

Avant de donner les cartes, chaque
joueur met un jeton au jeu, celui qui
fait mettant le dernier. La personne première en cartes peut, si elle le juge à
propos, se carrer, ce qui se fait en mettant au jeu autant de jetons qu'il y en
a, plus un. Le second joueur peut dé-
carer le premier en doublant le jeu,
plus un jeton : il y a cet avantage à être
carré, que si tout le monde passe, la
carre et le jeu vous appartiennent, et que
si quelqu'un voit le jeu, vous parlez le
dernier.

Lorsque le jeu est fait, celui qui a
mêlé les cartes en donne trois à chaque
joueur, en les donnant une à une, puis
en retourne une.

4 *

Il doit mettre le restant des cartes, qu'on appelle le talon, à sa droite.

Le premier joueur, à droite, parle le premier, s'il n'est pas carré; s'il a jeu suffisant il annonce, ou qu'il voit le jeu seulement, c'est-à-dire, les cinq jetons du jeu, ou qu'il le voit avec telle autre quantité de fiches ou jetons qu'il lui plaît d'y ajouter; s'il ne se croit pas le jeu suffisant, il passe.

Lorsque le premier joueur a parlé, les autres répondent successivement, soit en tenant le jeu ouvert, soit en relançant celui qui a ouvert le jeu, c'est-à-dire en offrant de jouer plus que lui telle quantité de jetons et de fiches que détermine celui qui relance.

Lorsqu'il y a relance, ceux qui ont ouvert le jeu sont obligés ou de tenir, c'est-à-dire, de jouer ce qu'on leur propose, ou de donner en payant autant de jetons qu'il y en a au jeu, ou autant qu'ils en ont proposé de tenir. Ils peuvent aussi eux-mêmes relancer.

Lorsque tout le monde a parlé, si deux ou plusieurs joueurs tiennent, chaque joueur découvre son jeu, et les deux tenans cherchent dans le jeu des autres joueurs de quoi faire le leur.

Celui qui a le plus fort point gagne le coup, c'est-à-dire celui qui a le plus de cartes de la même couleur, ou les plus fortes en point; en ce cas de concurrence, le premier en cartes l'emporte.

Les cartes se comptent comme au piquet; l'as compte onze points, les figures dix, et les autres cartes les points marqués.

L'as est la première carte du jeu, et attire à elle les autres cartes de la couleur qui sont sur le jeu.

Lorsque tout le monde passe, on recommence la donne, et chaque joueur remet un autre jeton, ce qui double le jeu.

Cependant si un des joueurs s'était carré, le jeu lui appartiendrait.

Tous les joueurs au-dessus de celui qui ouvre le jeu, peuvent revenir, quoiqu'ils aient passé, et tenir le jeu, et même relancer.

Lorsqu'un des joueurs a ouvert le jeu, tous ceux qui ont parlé ensuite ne peuvent plus rien faire.

Celui qui ouvre le jeu reçoit la loi de ceux qui tiennent contre lui.

Lorsque plusieurs joueurs tiennent, c'est au premier, après celui qui a ouvert le jeu, à déclarer ce qu'il joue, et successivement par ordre. S'il tient, *sans plus*, c'est-à-dire sans vouloir jouer plus que le jeu, celui qui lui succède peut relancer, et alors il est forcé de tenir ou d'abandonner le jeu, c'est-à-dire, de donner au gagnant autant de jetons qu'il y en a sur le jeu.

Personne ne peut jouer plus qu'il n'a devant lui, c'est ce qu'on appelle faire son va-tout.

Lorsqu'un des joueurs a perdu tout ce qu'il a devant lui, il se retire et fait place à un autre.

Le brelan l'emporte sur les autres jeux ; celui d'as est le premier, ensuite les cartes prennent rang comme au piquet.

Il est cependant un brelan qui l'emporte sur les autres, c'est le brelan carré, c'est-à-dire, lorsqu'un joueur a dans sa main trois cartes semblables, trois neuf, trois dix, et que la quatrième retourne, ce jeu l'emporte sur tous les autres.

On appelle avoir jeu fait, trente-un, vingt-un et as à la retourne ; souvent vous croyez devoir relancer avec ce jeu, il ne se trouve dans le jeu des quatre autres joueurs qu'une carte de votre couleur, tandis qu'un autre avec un as seul, un roi quand l'as ne joue pas, en rencontre six, alors vous perdez le coup.

Règles du jeu de la Bouillotte.

1. La mise est de cinq jetons et cinq fiches valent chacune cinq jetons.

2. Les cartes se donnent une à une, la seizième se retourne.

3. S'il y a une carte retournée dans le jeu, on refait ; cependant on continue la donne pour vérifier s'il y a des brelans.

4. Le brelan simple reçoit deux jetons de chaque joueur ; le brelan carré en reçoit quatre.

5. Personne n'ouvrant le jeu, la même personne recommence à donner, chaque joueur remettant un jeton.

6. On ne peut jouer moins que le jeu.

7. Le joueur qui a passé avant que personne ait ouvert le jeu, peut revenir contre celui qui l'ouvre et tenir.

8. Le joueur qui a passé lorsque le jeu est ouvert, ne peut plus revenir.

9. Lorsque plusieurs joueurs tiennent, c'est à celui le plus près à la droite de celui qui a ouvert, à déclarer combien

il joue, sauf la relance des autres joueurs qui tiennent.

10. Celui qui après avoir ouvert et tenu, ne veut pas tenir ce dont il est relancé, renonce en payant ce qu'il a joué.

11. Lorsqu'il y a un refait, c'est-à-dire, lorsque tout le monde a passé un des cinq jetons de la seconde mise, on met sous le flambeau pour les cartes.

12. Chaque brelan simple donne deux jetons au flambeau ; le brelan carré en donne quatre.

13. Qui se carre met un jeton au flambeau.

14. Le second refait en troisième donne, ne met rien au flambeau.

15. Le troisième refait en quatrième donne, met deux jetons au flambeau.

JEU DE L'IMPÉRIALE.

Pour donner une idée de ce jeu, ainsi que nous nous le sommes proposé, nous commencerons par l'idée générale du jeu que nous donnerons dans le premier chapitre. Nous donnerons, dans le second, la manière de marquer; et ensuite les règles qu'il faut observer pour bien jouer ce jeu.

CHAPITRE PREMIER.

Où l'on donne une idée générale du jeu de l'Impériale.

Ceux qui ont voulu chercher l'étymologie de ce jeu ont cru l'avoir trouvé, en nous disant qu'il a été nommé de la sorte, d'un empereur qui, le premier, mit ce jeu en vogue; mais sans examiner si cette étymologie est vraie ou fausse, nous disons, pour entrer en matière, que les cartes avec lesquelles on joue à l'impériale, sont les mêmes que celles avec lesquelles on joue au piquet, au nombre de trente-deux; savoir: les rois, dames, valets, as, dix, neuf, huit et sept; ou bien trente-six, en y ajoutant le six de chaque couleur, comme on fait dans plusieurs provinces.

On peut jouer à trois à l'impériale; et en ce cas, il faut nécessairement que les six y soient; mais le jeu le plus ordinaire est d'y jouer deux. Avant que de commencer la partie, il faut convenir de ce que l'on veut jouer, et en combien d'impériales on jouera la partie, qui est ordinairement en cinq; il est cependant de la volonté des joueurs de la faire de plus ou de moins.

Après être ainsi convenu, l'un des deux prend les cartes qu'il bat, et présente à son adversaire pour voir à qui fera le premier; et comme c'est à ce jeu un avantage de donner, celui qui tire la plus haute carte fait; au lieu qu'au piquet il commande de faire.

Celui qui doit mêler, ayant bien battu les cartes, les présente à couper à son adversaire, qui doit le faire nettement; après quoi il lui donne, et se donne alternativement trois à trois, ou quatre à quatre, douze cartes; il tourne ensuite la carte de dessus le talon, qu'il laisse dessus; et c'est de cette couleur qu'est la triomphe.

Il y a au jeu de l'impériale des cartes que l'on appelle honneurs, qui sont le roi, la dame, le valet, l'as et le sept, lorsque le jeu est de trente-deux cartes; au lieu que c'est le six, lorsqu'il est de trente-six: chaque honneur vaut quatre points à celui qui les a; mais il faut pour qu'ils vaillent, qu'ils soient de triomphe, c'est-à-dire, de la même couleur que la carte retournée sur le talon.

Observez que les cartes ont toujours même valeur, et que leur valeur est la valeur ordinaire ; savoir : le roi, la dame, le valet, l'as, le dix, le neuf, le huit, le sept et le six ; le plus fort de la même couleur emportant le plus faible.

Observez encore que, lorsqu'on joue à trois, chacun ayant douze cartes, il ne reste par conséquent point de talon ; ainsi celui qui mêle, pour faire la triomphe, tourne la dernière carte de celles qu'il prend ; et c'est de celle-là qu'est la triomphe.

Les cartes données, comme on l'a dit, et la tourne faite, celui qui est le premier commence, comme au jeu de piquet, d'assembler la couleur dont il a le plus de cartes, pour en faire son point qu'il accuse, et pour lequel il compte quatre points, si son adversaire ne le pare pas, c'est-à-dire, s'il n'en a pas davantage ; car, s'il était égal, le premier, à cause de la primauté, le compterait comme s'il était bon ; au lieu que l'adversaire l'ayant supérieur, le compte également pour quatre points.

Il examinera cependant, avant que

d'accuser son point, s'il n'a point d'impériale, auquel cas il faudrait la montrer auparavant, sans quoi elle ne vaudrait plus rien. Il y a de plusieurs sortes d'impériales, et chaque impériale vaut vingt-quatre points.

La première sorte d'impériale est de quatre rois, ou de quatre dames, quatre valets, quatre as, ou bien quatre sept, lorsque le jeu est de trente-deux cartes ; et les quatre six, lorsqu'il est de trente-six.

La seconde, le roi, la dame, le valet et l'as d'une même couleur.

Il y a encore l'impériale tournée, qui est lorsque, tournant un roi, une dame, un valet ou un as, on a dans son jeu les trois autres cartes de la même couleur, qui parfont le roi, la dame, le valet et l'as.

Enfin, il y a impériale que l'on fait tomber, et qui a lieu, lorsqu'ayant le roi, la dame ou d'autres triomphes, on lève les autres triomphes qui forment l'impériale. Cette impériale n'a lieu que pour la couleur en laquelle est la triomphe.

Vous observerez que celui qui a dans son jeu le roi, la dame, le valet et l'as de la couleur dont il tourne, compte pour cela deux impériales. Après que l'on a compté ses impériales, qui doivent, pour être bonnes, être étalées sur la table et accusées, on accuse le point, comme il a été dit; et celui qui est le premier à jouer, jette telle carte de son jeu qu'il juge à propos, et sur laquelle l'adversaire est obligé de fournir de la même couleur, s'il en a, et de prendre s'il peut, autrement de couper, ne pouvant point non-seulement renoncer à ce jeu, mais même gagner si l'on fait une faute. L'on joue de la sorte toutes les cartes : après qu'elles sont jouées, chacun compte ce qu'il a, et celui qui en a plus que l'autre compte quatre points pour chaque levée qu'il a de plus que les six qu'il doit avoir, et il les marque pour lui.

Vous observerez que lorsque l'on joue à trois, celui qui est le premier à jouer est obligé de commencer par atout: le jeu se joue du reste comme à deux, car celui qui fait plus de quatre levées, qu'il doit avoir pour ses cartes, marque quatre points pour chaque levée qu'il a de plus. Voilà en général ce qu'il faut savoir pour jouer à l'impériale : voyons maintenant la manière de marquer et de compter le jeu.

CHAPITRE II.

De la manière de marquer le jeu.

Après avoir mêlé les cartes, donné, convenu de ce que l'on joue et en combien d'impériales, il y a au bout de la table un corbillon, avec des fiches et des jetons qui servent à marquer le jeu. On marque l'impériale avec une fiche, et les quatre que l'on gagne avec un jeton pour chaque quatre, et lorsque l'on a six jetons de marqués, l'on marque à la place une fiche, qui est une impériale, chaque impériale valant vingt-quatre points.

Celui qui, ayant mêlé, tourne un honneur, c'est-à-dire un roi, une dame, un valet, un as, un sept, lorsque le jeu est de trente-deux cartes, ou un six lorsque le jeu est de trente-six cartes, marque pour lui un jeton qui vaut quatre points.

Celui qui coupe avec le six de triomphe, ou le sept, lorsqu'il n'y a point de six, ou bien avec l'as, le valet, la dame ou le roi, ou, le jouant autrement, fait la levée, marque autant de jetons, qui valent chacun quatre, qu'il a levé de ces honneurs.

Celui qui, ayant joué un des ces honneurs, le perd, parce que son adversaire jouerait un honneur plus fort, bien loin qu'il comptât l'honneur qu'il aurait joué à son avantage, celui qui leverait la levée de droit, marquerait un jeton pour chaque honneur; de même que celui qui, ayant joué le sept de triomphe lorsqu'il n'y a point de six, ou le six, perdrait la levée que l'autre leverait par une triomphe qui ne serait pas un honneur; il ne laisserait pas de marquer à son avantage l'honneur qu'il leverait, encore qu'il ne l'eût pas joué.

Celui qui, après avoir fini de jouer six cartes, s'en trouve de plus que ces douze, qu'il doit avoir de son jeu, gagne quatre points qu'il marque pour lui, pour chaque levée qu'il a de surplus que l'autre : lorsque l'on joue à deux, c'est de deux cartes, et de trois, lorsque l'on joue à trois.

De même, comme il a déjà été dit, celui qui a plus de points que l'autre, marque à son avantage quatre pour le point, n'importe qu'il ait trois, quatre, cinq, six, sept, huit ou neuf cartes de point, en observant que, lorsque le point est égal, celui qui est le premier compte quatre pour sa primauté.

Voilà les différens points que l'on compte, et qui, assemblés, forment une impériale. Il reste à faire observer que ces points peuvent être effacés lorsqu'ils sont au-dessous de vingt-quatre ou de six jetons. Par exemple, si l'un des joueurs avait du coup précédent vingt points ou moins, et que son adversaire eût une impériale en main, ou retournée, lorsqu'elles ont lieu, celui qui aurait l'impériale en droit, annulle les vingt points de son adversaire, qui serait obligé de démarquer, sans pour cela démarquer lui-même ceux qu'il pourrait avoir, à moins que son adversaire eût aussi une impériale qui effacerait également les points de l'autre joueur. L'on marque chaque impériale par une fiche, en faveur de celui qui l'a. L'impériale que l'on marque lorsque l'on a six jetons assemblés, efface également les points que l'adversaire peut avoir, et est marquée comme l'autre avec une fiche, en faveur de celui qui l'a faite, et la partie dure jusqu'à ce qu'un des joueurs ait fait le nombre d'impériales auquel on a fixé la partie.

L'on doit d'abord compter la tourne, ensuite les impériales qu'on a en main, ou de la tourne, lorsqu'elles ont lieu, ensuite le point, après le point, les honneurs que l'on gagne sur les levées que l'on fait, et ensuite ce que l'on gagne de cartes.

Comme tout ce qu'on pourrait dire de plus sur ce jeu se trouvera dans les règles suivantes, il est à propos d'y passer, pour ne pas amuser le lecteur par une lecture inutile.

Règles du jeu de l'impériale.

1. Lorsque le jeu se trouve faux, le coup où il est reconnu faux ne vaut pas, les précédens sont bons.

2. S'il se trouve une ou plusieurs cartes tournées, on refait.

3. L'on donnera les cartes par trois ou quatre.

4. Celui qui donne mal perd sa donne et une impériale.

5. Une carte tournée au talon n'empêche pas que le jeu soit bon.

6. Qui mêle son jeu au talon perd la partie.

7. Qui oublie de compter son point,

ne le compte pas; il en est de même des impériales.

8. Qui ne montre pas ses impériales avant son point ne les compte pas.

9. Tout honneur jeté sur le tapis, vaut quatre points à celui qui le lève.

10. Celui qui, pouvant prendre une carte jouée, ne la prend pas, perd une impériale, soit qu'il ait de la couleur jouée ou qu'il n'en ait pas, s'il a de la triomphe pour pouvoir couper.

11. Celui qui renonce, c'est-à-dire ne joue pas de la couleur dont on a joué, et qu'il a dans son jeu, perd deux impériales.

12. Les impériales que perd celui qui fait des fautes, sont au profit de son adversaire, si celui qui fait les fautes n'en a pas pour pouvoir démarquer; auquel cas, il lui est loisible de se démarquer.

13. Celui qui a une impériale en main ou de tourne, lorsqu'elle vaut, efface les points que son adversaire a; il en est de même lorsqu'il finit son impériale en comptant des points.

14. Celui qui fait une impériale avec les points des cartes qu'il gagne, ne laisse point de points marqués à son ad-

versaire ; au lieu que celui qui finit une impériale par les honneurs qu'il lève pendant son coup, ne peut empêcher de marquer ce que son adversaire gagne des cartes, s'il en gagne.

15. La tourne est reçue à finir la partie, plutôt qu'une impériale en main ; l'impériale en main, plutôt que l'impériale tournée, lorsqu'elle a lieu ; l'impériale tournée, plutôt que le point ; le point, plutôt que l'impériale qu'on fait tomber, ladite impériale, plutôt que les honneurs, et les honneurs, plutôt que les cartes, qui sont les derniers points du jeu à compter.

16. L'impériale retournée n'a lieu que lorsque l'on joue sans restriction, de même que l'impériale que l'on fait tomber.

17. L'impériale qu'on fait tomber n'a lieu que dans la couleur qui est triomphe.

18. L'impériale de triomphe en main en vaut deux, sans compter la marque des honneurs.

19. Lorsque le point est égal, celui qui a la primauté la marque.

JEU DU BOSTON.

CE jeu tire son origine du whist, auquel il ressemble pour la manière de jouer les cartes, mais il différencie dans la forme, ayant besoin de paniers et d'une corbeille comme au reversis.

Il faut être quatre, avoir chacun un panier composé de cent vingt fiches, et une corbeille pour la mise de chaque joueur.

Pour savoir à qui donnera, l'on tire au premier roi.

Il faut un jeu complet de 52 cartes.

La partie est composée de huit tours.

Celui qui donne met huit fiches à la corbeille, et les trois autres joueurs quatre chacun, ce qui fait vingt, dont la corbeille est toujours fournie ; il ne peut y en avoir moins, que dans le cas où, avant de jouer, l'on aurait fait des conditions différentes.

On donnera toutes les cartes par trois ou par quatre, et l'on aura grand soin de retourner la dernière, parce que la dernière est celle qui indique la couleur dans laquelle on peut jouer, et qu'on ne peut jouer en aucune autre.

Il faut avoir soin que la corbeille soit complète, c'est toujours le premier qui est chargé de ce soin; et, s'il l'oublie, il en répond; conséquemment, il est obligé de fournir ce qui y manque.

L'on joue assez ordinairement deux ensemble à ce jeu, c'est-à-dire, que l'on a un soutien ou associé.

Il faut faire huit levées pour emporter la corbeille, cinq par celui qui demande et trois par le soutien; en sorte que celui qui peut faire cinq levées dans la couleur qui retourne, dit: *Je demande;* et celui qui a de quoi en faire trois, dit: *Je soutiens.*

Si le nombre de huit levées n'est pas complet, on fait la bête, qui est toujours de ce qu'il y a dans la corbeille, et l'on paye autant de fiches aux adversaires que l'on a perdu de levées, si ce n'est qu'à la première on donne une fiche de plus par forme de consolation. Il est à observer que ce paiement se fait toujours également par les deux joueurs.

Il n'en est pas ainsi de la bête, elle ne doit être mise que par celui qui n'a pas fait son nombre de levées, à moins que la convention n'ait été faite, avant de se mettre au jeu, de les partager; dans ce cas, les joueurs peuvent confondre leurs levées, mais dans le cas opposé, il est essentiel de les relever chacun devant soi.

S'il arrivait que le premier ne fît que quatre levées, et le soutien le même nombre, ou bien que le demandant en fît six et le soutien deux, la corbeille serait partagée également entre les deux joueurs, l'usage étant de laisser aller à son ami des levées que l'on pourrait faire; ainsi il serait de la plus grande injustice de lui enlever sa part de la corbeille.

Lorsqu'on fait des levées au-delà de huit, qui est la règle du jeu, les adversaires payent autant de fiches qu'il y a de levées au-dessus du nombre huit, toujours une de plus pour la première, ainsi qu'il est dit ci-dessus, et de plus les honneurs, comme au whist.

Il y a des personnes qui conviennent de payer les honneurs en dehors, c'est-à-dire, que si les demandans perdent avec, ils sont obligés de les payer, ainsi qu'on l'aurait fait s'ils eussent gagné.

D'autres, au contraire, les font entrer en compensation des levées perdues; tout cela dépend des conditions faites avant de se mettre au jeu.

Du chelem.

Ce coup a lieu comme au whist; il faut, comme l'on sait, faire à deux toutes les levées; on le paye seize fiches, et de plus les honneurs, s'il y a lieu.

De l'indépendance.

Ce coup s'appelle ainsi, parce qu'il demande à être joué seul. Pour cet effet, il faut avoir dans son jeu de quoi faire huit levées; dans ce cas, il faut dire: Je demande une indépendance, avant que celui qui est le premier en cartes ait joué; autrement les autres joueurs s'y opposeraient, parce que l'entrée du jeu est souvent très-avantageuse, et que l'on n'aurait pas risqué le coup sans cet avantage; ainsi, dans le cas où la demande aurait été faite mal-à-propos, les trois autres joueurs forceraient le demandant à se rétracter, et à jouer pour huit levées seulement; ce qui est très-différent pour le payement, puisque pour l'indépendance on reçoit de chacun dix fiches, on retire la corbeille et on reçoit les honneurs, ainsi que les levées faites au-dessus du nombre; et que dans l'autre cas, on n'a que la corbeille, avec les honneurs et levées, s'il y a lieu. De même si celui qui a demandé l'indépendance, ne fait pas ses huit levées, il faut qu'il paye dix fiches à chacun des joueurs, ainsi que les levées et les honneurs, si l'on était convenu de les jouer en dehors.

Il est bon d'observer que, lorsque tous les joueurs passent, et qu'un seul demande, on ne peut l'obliger à faire huit levées, mais cinq, parce qu'il n'a point de soutien; alors il retire seul la corbeille et on lui paie les levées qu'il pourrait avoir faites au-delà.

Lorsque tous les joueurs passent, on remet quatre fiches à la corbeille, et l'on donne les cartes.

Des personnes qui jouent très-bien ce jeu avaient voulu y ajouter la demande forcée, c'est-à-dire, que le premier en cartes était toujours forcé de jouer pour cinq levées: or il arrivait souvent qu'il se trouvait sans atous, et que s'il ne rencontrait pas pour soutien celui qui les possédait, il était sûr de faire la bête;

ces mêmes personnes ont senti l'injustice d'un tel procédé, et la règle n'a plus lieu.

Il faut observer que si les trois premiers joueurs ont passé, et que le dernier demande, le premier peut revenir, pour soutenir seulement, ainsi que le second ou le troisième, parce qu'il est différent de faire une demande ou de soutenir, ayant observé ci-dessus, que le soutien n'étant tenu de faire que trois levées, n'est pas dans ce cas de mettre la bête, si le demandant n'en fait que quatre ; il faudra donc dans ce cas que le demandant mette vingt fiches à la corbeille, ou plus s'il y a lieu, les bêtes étant toujours de ce qu'il y a dans la corbeille.

S'il y en a plusieurs, il faut toujours mettre les plus fortes en premier.

Il est très-essentiel d'observer que pour les demandes il ne faut parler qu'à son rang.

Manière de jouer ce jeu.

Lorsque les cartes sont données, le premier porte la parole, s'il a de quoi jouer, ou le second, si le premier n'a pas de jeu, et ainsi des autres ; et lorsque l'on ne peut jouer, on dit : je passe, ayant besoin pour demander d'avoir dans son jeu de quoi faire cinq levées, soit en atous, soit en as ou en rois ; il est plus sûr de jouer en atous, n'ayant point à craindre que vos adversaires l'emportent sur vous par le nombre ; d'ailleurs, quoique l'on soit presque sûr d'avoir un soutien qui fera valoir votre jeu, ayant le même intérêt, il n'y faut pas compter, parce qu'il y a des personnes qui, ayant beau jeu, aiment mieux passer, dans l'espérance de faire faire une bête, que de soutenir. Ainsi il faut, pour jouer, avoir au moins cinq atous forts, ou six ou sept petits, parce que le grand nombre vous en assurera de maîtres et avec cela des as et des rois ; et vous serez sûr de votre jeu, si vous avez soin aussitôt que vous serez en jeu, d'en jouer, afin que les petits atous dispersés dans les trois joueurs ne coupent point vos cartes. Il est donc nécessaire à ce jeu de faire atout ; cependant il est des circonstances où cela serait nuisible, c'est dans le cas où vous verriez à la première levée, qu'il y aurait deux renonces, ce qui vous indiquerait que, les atous étant dans une même main, vous ne pouvez pas continuer dans la crainte de n'en faire tomber que de petits, et de rendre rois ceux de votre adversaire qui ne manquerait pas de les tirer, lorsqu'il serait eu jeu, et épuiserait les vôtres : dans ce cas, il faut tirer ses as et ses rois étant à présumer qu'ils ne seront pas coupés, ayant deux joueurs sans atous ; et s'ils l'étaient par celui qui les a, ce serait toujours un avantage pour vous de lui en diminuer le nombre ; mais dans tous les cas, il faut bien ménager son jeu, lorsqu'on est seul, parce qu'ayant trois personnes contre soi, elles ont le plus sensible intérêt de vous mettre à la bête.

Lorsque l'on a un soutien, la manière de jouer devient différente ; il faut sonder le jeu de son ami, et tâcher d'y faire une bonne entrée, par exemple, si le premier en carte demande, et que le dernier soutienne, c'est au premier à faire atout d'un petit, afin de faire passer en revue les deux adversaires, qui sont souvent forcés de mettre un atout majeur, dans la crainte que le soutien, ne devant pas forcer sur les mains qui appartiennent à son ami, fasse la levée avec un atout moindre. De même si le soutien est à la droite du joueur, c'est à lui à faire atout par la même raison expliquée ci-dessus; on le nomme atout de situation, parce que c'est la place qui l'exige, et non pas une invite qui exige que le joueur y retourne, ce qui, dans ce cas, serait quelquefois très-nuisible, à moins qu'il fût indiqué par la retourne ou autrement que les honneurs seraient dans les mains des deux joueurs: dans ce cas, avec le nombre il serait à propos d'en retourner, afin d'ôter aux adversaires la possibilité de couper vos rois, en leur enlevant leurs petits atous.

Pour soutenir à ce jeu, il n'est pas besoin d'avoir un grand nombre d'atous, mais il est à propos d'avoir au moins as, roi, dame ou valet troisième, avec quelques rois et as dans les autres couleurs, afin que votre associé trouve de la ressource dans votre jeu, et puisse n'être pas trompé dans les invites qu'il pourrait vous faire; d'ailleurs, on sent quel avantage on peut tirer de deux beaux jeux rassemblés; il est possible de faire le chelem qui est un des beaux coups de ce jeu.

Manière de jouer le chelem.

Ce coup s'entreprend souvent sans réussir, mais c'est toujours le jeu de le tenter, lorsque l'on est fort en atous, et qu'ayant sondé le jeu de son ami, on y trouve un bon soutien; alors si on a des rois et des as, il est avantageux de faire atout, afin que les petits, qui se trouveraient dans les mains adverses, ne fassent point de tort à vos rois, en les coupant, ce qui vous ôterait la faculté de réussir dans votre entreprise.

Il est très-essentiel à ce jeu d'observer les cartes qui passent, et d'en garder le souvenir, afin de ne point couper les rois de son ami, ce qui fait souvent le plus grand tort.

Manière de jouer l'indépendance.

Comme ce coup se joue seul, il faut que celui qui l'entreprend calcule son jeu et voie s'il a de quoi faire huit levées, tant par les atous que par les rois; s'il n'a point de rois, il faut qu'il ait au moins la quatrième tierce majeure huitième, afin, lorsqu'il jouera atout, de faire tomber le dix s'il est quatrième dans une main.

6 **

L'on observe que si, dans les cartes fausses qui lui restent, il avait une renonce, ce ne serait le jeu de couper, qu'au cas qu'il fût le dernier à jouer, conséquemment point exposé à la surcoupe, parce que s'il risquait un atout qui lui fût enlevé, il n'aurait plus le nombre de ces levées et ferait la bête.

On sent que cette règle est nécessaire dans toutes les occasions où l'on est dans le cas de craindre la surcoupe; il en est cependant où l'on peut couper d'un fort atout, même d'un honneur, mais ce n'est pas dans celui de l'indépendance, parce qu'en vous dégarnissant d'une de vos cartes, vous pouvez en faire valoir de moindres dans les mains de vos adversaires.

On peut encore jouer ce coup avec moins d'atous, mais il faut avoir des as et des rois que l'on puisse faire valoir, après que l'on a fait plusieurs coups d'atous, pour n'être pas coupé.

L'on observe que les rois ne sont pas d'une grande ressource lorsqu'on joue seul, parce que les adversaires devinent facilement, quand vous en voulez faire, et ont grand soin de vous faire passer en revue, et de ne mettre leur as que lorsque vous êtes forcé de jeter le roi.

Manière de jouer les adversaires.

L'intéressant de cette position est de mettre à la bête ceux qui jouent; pour cet effet, il faut prendre grand soin de son jeu, ne point faire de fausses invites à son ami, de ne point jouer l'as, quand vous ne l'avez pas soutenu du roi, parce que de cette manière vous le feriez valoir dans la main du joueur, et pourriez, par cette faute, lui faire gagner une corbeille qu'il aurait perdue : il ne faut donc jouer de l'as, dans cette position, que lorsque l'on y est forcé par les circonstances : on ne doit pas faire d'invite si on a l'as ; mais toujours attendre sur cette couleur, sur-tout s'il est accompagné de la dame, parce qu'il est certain qu'en voyant venir vous ferez tous les deux ; on doit faire invite, lorsqu'on a le roi trois ou quatrième, parce que si votre ami a l'as il le doit mettre, à moins qu'il ne puisse prendre la levée d'un moindre ; mais vous êtes toujours sûr qu'il est dans sa main ; parce que vos adversaires le mettraient, s'ils l'avaient, dans la crainte qu'il fût coupé au second; si votre ami l'a, votre roi est en sûreté, et c'est son jeu de retourner à l'invite: règle très-essentielle à ce jeu; cependant votre ami, découvrant par votre invite que vous avez le roi, ne devrait pas y retourner s'il n'avait pas l'as, dans la crainte de vous le faire prendre par vos adversaires: ce serait pour lors son jeu de faire une autre invite, et lorsque vous vous trouveriez en jeu, vous feriez une seconde invite dans la couleur que vous auriez entamée, afin de faire tomber ces as et de faire valoir votre roi.

Lorsque l'on a un roi et une dame quatrième, on peut jouer du roi, votre ami ne mettant pas l'as, s'il l'a, et vous donnant, en lui jouant d'un petit au second, la facilité de faire trois levées dans cette couleur: si, au contraire, l'as est dans les mains adverses, ce n'est pas le jeu de tirer votre dame, il faut y voir venir, afin de ne point faire de rois à votre adversaire.

Lorsque l'on a la tierce à la dame cinquième, c'est le jeu de jouer de la dame; souvent cela force le roi, que votre ami prend de l'as, et vous êtes sûr du reste.

L'on ne doit point faire de fausses invites. On appelle invite les basses cartes du jeu, depuis le deux jusqu'au cinq : ainsi, si l'on n'a point de fortes cartes dans son jeu, il faut jouer d'un dix ou neuf, afin d'assurer votre ami que vous ne pourriez lui répondre dans cette couleur, s'il vous attaquait.

L'on peut encore risquer de jouer un singleton. On appelle ainsi une carte seule ; c'est le jeu lorsque l'on n'a que de petits atous qui ne peuvent faire de tort au joueur ; ou bien si on a roi, dame ou valet seul, qui serait dans le cas de tomber sur le premier atout des adversaires, alors il est très-avantageux d'en tirer parti en coupant : si l'on avait l'as seul, il vaudrait mieux le jouer, ou le garder pour prendre la première levée d'atous, que de l'employer en coupe, ce qui ne serait pas bien joué.

Il n'est point d'usage que les adversaires jouent atout, étant à présumer que les demandeurs sont forts en cette couleur ; cependant il est des cas où l'on doit le faire, comme celui où l'on se trouverait maître par les forts que les joueurs auraient tirés ; alors c'est votre jeu de jouer les vôtres, afin de faire tomber les petits qui restent, et jouer vos rois sans craindre la coupe : en jouant ainsi, on est presque sûr de faire faire une bête, par la raison que beaucoup de personnes jouent ce jeu avec peu d'atous.

Il ne faut point forcer sur la carte de l'adversaire, lorsque votre ami est après, parce que c'est à lui à mettre tout ce qu'il a de plus fort, à moins qu'on en mette une au-dessus des siennes ; pour lors il doit s'en aller d'un petit.

On sait qu'à ce jeu on ne doit pas renoncer : celui qui le ferait, paierait la bête de renonce ; la règle est de droit, c'est aux joueurs à l'adoucir, s'ils le jugent à propos.

Si celui qui gagne la corbeille, ne la prend pas avant que l'on coupe les cartes pour le coup d'après, elle ne lui appartient plus et il n'a aucun droit dessus ; c'est un avantage pour les joueurs, en ce qu'ils ne sont pas obligés de la remplir, n'y ayant que celui qui donne qui met quatre fiches au lieu de huit qu'il aurait fallu.

Des personnes désirant jouer ce jeu un peu moins cher, ont diminué le prix de la corbeille, c'est-à-dire, qu'au lieu de vingt fiches, dont elle est composée, on la réduit à dix, quatre par celui qui donne, et deux par chacun des joueurs.

On observe qu'en jouant avec vingt fiches, à la corbeille, l'on peut perdre son panier, et au-delà, et qu'en le jouant avec dix, la perte n'est pas diminuée de moitié, le paiement des levées et des autres coups de la partie étant le même.

Ce jeu est assez agréable, par la diversité des coups que cinquante-deux cartes occasionnent, et dont on ne pourrait donner le détail, étant formés par la circonstance : on croit en avoir dit assez, d'autant que ceux qui connaissent le whist, joueront facilement celui-ci. On ajoutera seulement, sans faire tort au premier, dont le mérite est connu, que le second a beaucoup plus de gaîté, tous les joueurs étant en action, les uns pour ne pas faire la bête, et les autres pour la leur faire faire.

JEU DU BOSTON
AUX DEUX COULEURS,

AVEC LE MODE DES PAIEMENS.

CHAPITRE PREMIER.

Etablissement du jeu de boston.

CE jeu se joue à quatre personnes, qui doivent avoir chacun un panier, composé de trois cents fiches, et une corbeille pour y déposer les fiches qu'on mettra au jeu.

La partie est composée de dix tours, huit simples et deux doubles.

Après dix tours, il faut le consentement de quatre joueurs pour partager ce qui est dans la corbeille, car si un refuse, il faut continuer le jeu jusqu'à ce qu'il n'appartienne plus rien de la corbeille au refusant, sans y rien fournir de sa façon.

Après les dix tours joués, un seul joueur peut demander à cumuler ce qui appartient et ce qui est dû à la corbeille.

On doit tirer les places comme aux autres jeux, parce qu'il n'est pas indifférent d'avoir à sa gauche ou à sa droite, vis à-vis, un joueur plutôt qu'un autre. Après les places tirées, on ne peut plus changer de place tant que la partie dure.

Pour savoir à qui donnera le premier, chacun prend indistinctement une place, un des joueurs prend un jeu de cartes, le divise en quatre parties ; chaque joueur en prend une, et celui qui trouve dans son tas la dame de cœur, est désigné pour donner le premier.

Le jeu de cartes doit être composé de cinquante-deux : il y a quatorze atous ; le valet de carreau, que l'on nomme *Boston*, et les treize autres cartes de la couleur dans laquelle on joue.

De telle couleur que l'on joue, *Boston*, ou le valet de carreau, est toujours atout ; il est le maître partout, ensuite l'as, le roi, la dame, etc.

Le valet de cœur remplace le valet de carreau dans l'emploi de boston, lorsqu'on joue en carreau ; car le valet de carreau n'est plus qu'un atout ordinaire à son rang.

Le jeu se règle à chaque coup par la

demande qui se fait de la couleur dans laquelle le coup se présentera.

CHAPITRE II.

Manière de distribuer les cartes.

Celui qui a obtenu dans son tas le valet de carreau, est celui qui doit donner le premier les cartes, il commence à mettre la corbeille à sa droite; pleine ou vide, il la garnit de dix fiches en simples tours; ou de vingt en tours doubles : elle peut être garnie d'une plus grande quantité, si les joueurs en conviennent avant la première coupe des cartes; c'est encore lui qui a seul le droit de battre les cartes : il aura soin de faire couper à gauche et de distribuer à droite, et à lui en dernier. La dernière qui lui reste dans la main après la distribution, est celle qui donne la couleur de l'atout, soit qu'elle soit basse carte ou figure.

Il laisse cette carte retournée sur le tapis jusqu'au moment que le premier à jouer aura couvert la table de sa carte, et cela pour éviter les chicanes des mauvais joueurs qui n'ont pas beau jeu.

Il peut également distribuer le jeu comme il le veut, en moins ou en plus de cartes ; cependant il doit bien penser que d'en donner trop à la fois, c'est s'exposer à donner tout le jeu au même ; mais une à la fois, c'est trop peu.

Que les quatre joueurs soient bien pénétrés de l'ancien dicton : *cartes vues, cartes rebattues.*

Si ce n'est pas par la faute du donneur que la carte a été vue, il recommence la donne ; mais si c'est par sa faute, la donne passe au suivant sans partage de la corbeille.

Ce qui établit la mal-donne, c'est de donner plus de cartes à un joueur qu'à un autre, ou d'en passer un sans lui en donner ; de ne pas retourner la dernière carte, ou de la mettre dans son jeu avant la carte jouée.

Que le donneur ait bien attention de distribuer également, c'est-à-dire autant à l'un qu'à l'autre, car c'est un motif de mal-donne.

Si en donnant une carte elle se trouve retournée dans le jeu, ce n'est pas une mal-donne, le donneur recommence ; mais si, au contraire, c'est lui qui l'a retournée en donnant, c'est mal-donne.

7 *

Pour éviter ces désagrémens, le joueur qui fait face à celui qui a donné, aura soin de ramasser les cartes : il ne les battra pas ; mais étant rassemblées, il les mettra à sa gauche, pour que son voisin, qui doit donner, puisse les prendre.

Pendant la donne on ne doit apercevoir aucune main sur la table, et le distributeur aura bien soin de ne pas mêler les tas en les séparant bien les uns des autres.

CHAPITRE III.

Des couleurs.

L'on ne joue qu'en deux couleurs, qu'on appelle la belle et la petite. La première fois que les cartes sont données, celle qui est retournée se nomme la *belle*, et elle reste la belle pendant toute la partie.

Pendant les autres donnes, c'est celle qu'on retourne qui s'appelle la petite ; cependant si le hasard donne en retourne la belle, elle reste belle, et on doit jouer en belle.

On ne peut jouer dans les quatre couleurs qu'en demandant le *solo* ou l'*indépendance.*

Si vous voulez vous amuser, évitez la multiplicité des couleurs, la passe augmentera la corbeille.

CHAPITRE IV.

De la Corbeille.

Aussitôt que les cartes sont coupées, la corbeille, qui se trouve à droite du donneur, indique celui qui donnera après; il doit surveiller la corbeille, et avoir soin de la faire garnir avant que les cartes soient coupées. Il répond de tout ce qu'elle contient.

Si ceux qui ont gagné la corbeille ne la prennent pas avant les cartes coupées, tant pis pour eux; tout ce qui s'y trouve reste pour ceux qui la gagneront, et ils la prendront.

Celui qui, en faisant, a l'air d'oublier chaque fois sa façon à la corbeille, ne se conduit pas loyalement, et doit être suspecté. Il faut être franc au jeu.

Sitôt la corbeille en place, et les cartes coupées, personne n'a le droit de prétendre à aucun paiement.

CHAPITRE V.

De la parole, et des deux Sociétés.

Que peut-on entendre par la parole?

7 **

Sinon de parler chacun à son tour pour pouvoir être d'accord sur le réglement du jeu, après les cartes distribuées, soit pour fixer la couleur ou la passe.

Il est expressément défendu de désigner les couleurs qu'on désirerait que son associé jouât, par paroles ou par signes ; si on le faisait, les deux autres joueurs auraient le droit d'abandonner la partie.

On peut cependant nommer la carte, une fois jetée sur la table, pour aider ceux qui ont la vue basse.

Si, par hasard, un joueur, en jetant sa carte sur table, annonce cœur et que ce soit trèfle, le trèfle doit y rester, et la fausse annonce n'entraîne pas de peine.

Il est assez de coutume que le coup se joue à deux ; alors les fautes, les profits et les pertes sont communs aux deux joueurs, sauf les exceptions qui seront indiquées aux levées et aux renonces.

Celui qui se trouve à la droite du distributeur devant être le premier en cartes, a le droit de parler le premier ; il peut demander à jouer dans la couleur qu'il désigne, en nommant seulement la couleur, mais il ne peut désigner ni montrer la carte qu'il dépose retournée sur la table, ou bien il passe.

Celui qui a dit une fois *je passe*, ne peut plus revenir sur sa parole, et ne peut plus demander; si, au contraire, il a annoncé par paroles, *je demande*, et qu'il prétende qu'il s'est trompé, tant pis pour lui, il est forcé de jouer, sans rémission.

Le joueur qui est forcé de jouer, doit dire si c'est en belle ou en petite, et ne peut jouer que sur ce qu'il a annoncé.

Quand les quatre joueurs passent les uns après les autres, la corbeille passe de droit, telle qu'elle est, au joueur suivant, qui alors distribue les cartes nouvelles. Si le premier en cartes demande, le second a le droit de passer ou d'accepter ; si le second accepte, alors la première société s'établit volontairement entre les deux premiers joueurs, qui espèrent gagner la corbeille et le coup; de sorte que les deux autres joueurs forment la seconde société, et font leur possible pour défendre cette bonne corbeille et le coup.

Mais si le second joueur passe, alors la parole revient de droit au troisième.

S'il passe aussi, c'est au quatrième à demander ou accepter. Si cependant les trois premiers joueurs ont passé et que le quatrième demande, la parole revient nécessairement au premier, mais il ne peut qu'accepter. Si ce premier passe encore, la parole reviendra successivement aux autres pour accepter aussi successivement.

Cependant, quand un des quatre joueurs a demandé et qu'il n'a été accepté de personne, il est alors obligé de jouer seul, et les autres joueurs se réunissent pour le faire perdre ; alors il n'est tenu qu'à cinq levées.

CHAPITRE VI.

De la préférence.

Si un joueur demande en petit, les autres peuvent rejeter sa demande par une autre en belle ; malgré cela, le joueur qui aurait fait la demande en belle, peut être repoussé par un autre joueur qui n'aurait pas encore parlé, et qui offrirait de jouer seul en l'une des deux autres couleurs. C'est la seule circonstance où l'on puisse jouer dans les quatre couleurs. Ce cas particulier s'appelle proposer *l'indépendance* ou le *solo*.

Celui qui avait demandé le premier à jouer en petite couleur, peut aussi rejeter le solo proposé dans l'une des deux couleurs indifférentes, en offrant de jouer le solo dans la petite couleur de retourne. Mais il peut lui-même être relancé par le demandeur en belle, en offrant de jouer seul en belle couleur. Malgré toute cette marche des joueurs, ils peuvent encore être repoussés, par l'offre d'un joueur de faire seul neuf levées dans la couleur qu'il proposera.

Si personne ne demande la préférence, à offre égale dans la belle ou la petite couleur, ou à offre supérieure dans une autre couleur, alors la parole reste à celui qui a proposé de faire seul les neuf levées.

CHAPITRE VII.

Des Levées.

Pour gagner la corbeille, on doit avoir fait au moins huit levées, être payé de cinq levées par celui qui demande, et de trois par celui qui accepte.

L'associé du demandeur profite de l'excédant des cinq levées qui ont été faites, et il profite des levées surpassant le nombre de trois que doit faire l'accepteur.

Le joueur qui n'a pas son compte quand l'autre associé n'a que le sien, empêche bien son associé de gagner, mais il ne le fait pas perdre, il perd seul, et la corbeille reste; il la double, et c'est ce qu'on appelle faire la bête; il est encore obligé de payer seul la consolation et le coup à ses adversaires; car il serait déraisonnable, puisque l'un a fait son devoir, de les obliger tous les deux aux paiemens de la bête et du coup.

Celui qui est cause du désordre doit seul en supporter la peine, parce qu'en faisant une demande hasardée, c'est empêcher les deux autres joueurs de tirer partie des jeux qu'ils ont en main.

Que le demandeur et l'accepteur ayent bien l'attention de ne point confondre les levées qu'ils font, car il serait désagréable pour le demandeur de trouver un accepteur qui l'empêchât de gagner: il ne doit pas être solidaire pour le paiement ; il en est de même pour la demande si elle a été mauvaise et l'acceptation bonne.

Quant aux défendeurs, ils peuvent confondre leurs levées, puisqu'elles leur sont communes Si les deux associés n'ont pas fait leur devoir, il est juste qu'ils paient la corbeille, la consolation et le coup de moitié.

Si cependant le demandeur et l'accepteur n'ont fait à eux deux que leur devoir, ils partageront la corbeille, mais ils ne recevront qu'une simple consolation des deux autres joueurs ; s'ils ont fait plus que leur devoir, ils recevront en outre ce qui est réglé au chapitre des paiemens, pour chaque levée excédente.

Le joueur qui demande, et qui n'est pas accepté de personne, joue seul, et s'il fait cinq levées pour son devoir, il prend seul la corbeille, et reçoit son paiement des autres joueurs, ainsi qu'il est réglé audit chapitre des paiemens.

Il est expressément défendu de relever aucune carte jouée pour s'assurer de celles qui sont passées ; il est cependant permis de demander à voir la dernière levée, si la suivante est encore sur le tapis.

Lorsqu'un joueur ramasse une levée qu'il n'a pas faite, elle peut être réclamée par les adversaires, si toutefois on n'a pas joué et satisfait à la demande; si cela a été fait, il n'a plus lieu à réclamation.

CHAPITRE VIII.

Du Chelem ou Vole.

On appelle chelem lorsque toutes les levées ont été faites par les deux associés; alors la corbeille est prise par les joueurs gagnans en belle, tour simple; ils la partagent et reçoivent des deux autres joueurs quatre-vingt-seize fiches payables par moitié, qu'ils partagent encore également. Le paiement n'est que de moitié, si c'est en petite couleur.

Le coup du chelem peut encore avoir lieu quand le joueur n'a pas fait attention à son jeu, qui se trouve très-beau, et qu'il propose une société plutôt qu'une indépendance, quoiqu'elle ne soit acceptée de personne.

Dans le cas où cet étourdi fait à lui seul toutes les levées, il peut prendre la corbeille, et comme ce n'est pas de sa volonté qu'il a joué l'indépendance, il ne recevra des trois autres joueurs que 48 fiches si c'est en belle, tour simple, et 24, si c'est en petite, tour simple; le double, si c'est en tour double.

Il y a encore lieu au chelem, lorsqu'on a joué volontairement l'indépendance au solo : on prend la corbeille et on reçoit des autres joueurs la quantité de fiches désignées au chapitre des paiemens.

CHAPITRE IX.

De l'Indépendance ou Solo.

Ce coup se joue seul et volontairement; mais puisque le joueur rejette toute société, il doit faire au moins huit levées. La demande peut en être faite en toute couleur (sauf l'exception qui sera énoncée au chapitre *Misère*); le joueur qui l'a faite obtient la préférence, soit en belle, soit en petite; mais il court le risque d'être relancé, comme sera dit au chapitre suivant.

Si un joueur qui aurait demandé à jouer en société, en petite couleur de retourne, comme du carreau, se trouve relancé par une demande en belle, qui se trouverait en trèfle, ou en solo, de couleur indifférente, il ne peut alors jouer seul le carreau que dans la petite couleur de retourne, parce qu'il a lui-même désigné cette couleur. De même que lorsqu'un joueur est en tour de demander à passer, la parole ne peut lui revenir qu'en acceptant dans une couleur demandée par un autre joueur, il peut cependant retenir tacitement la parole pour jouer seul en carreau, parce qu'il n'a pas passé dans cette couleur. Passons maintenant au chapitre de la *Misère*.

CHAPITRE X.

De la Misère.

Grace au reversis, misère a encore trouvé des partisans par l'habitude qu'ils y avaient contractée ; car il est bien singulier de perdre avec un très-beau jeu, et de gagner avec de mauvaises cartes. Malgré cela nous ne pouvons nous dissimuler que le coup de misère est généralement reçu au jeu de boston dans les quatre couleurs, mais très-peu joué dans les deux ; aussi en faut-il faire la convention avant la première coupe des cartes. La convention faite, le coup se joue dans le sens du reveisis, et le joueur qui n'a qu'un très-petit jeu dit *misère*, et cela signfie ne faire de levée dans aucune couleur; c'est ce qu'on appelle provoquer tout le monde, puisqu'avec un mauvais jeu on joue l'indépendance et qu'on peut être chelem.

Aussi ce joueur sera mal reçu à demander la grace d'écarter plus ou moins de cartes; et puisqu'il n'a pas été honteux de défier et de contrarier les autres joueurs, qui, par la beauté de leur jeu, avaient conçu des apparences de gain; il doit s'attendre à toute rigueur, et il doit jouer avec toutes les cartes qu'il a reçues.

À ce cri d'alarme *misère*, les trois autres joueurs sont anéantis, tout est confondu, toute demande, même en préférence au solo, de quelque nature qu'elle soit, est comme non-avenue; on ne reconnaît plus d'atout; ce terrible boston perd sa suprématie; hélas! il n'est plus qu'un simple valet de carreau et rentre dans son rang : exemple des vicissitudes humaines. Aussi, les trois joueurs revenus à eux, reprennent leurs sens et se réunissent pour attaquer et faire perdre la misère.

8 *

L'on pense bien, puisqu'il n'y a plus d'atout, que ce coup ne peut plus être qu'en petite couleur; et la demande doit s'en faire par le joueur dont le tour est à parler; car ayant demandé à jouer en société ou en couleur, s'il a accepté ou passé, il ne peut ni ne doit préparer la misère.

Si cependant le joueur gagne le coup, il ne reçoit ni ne paie Boston; et cela est juste, puisqu'il a anéanti ce pauvre Boston. Il ne recevra, tout simplement, des trois joueurs, que le paiement du chelem en petite couleur.

Mais aussi, s'il vient à perdre le coup d'une seule levée, on ne lui paie pas Boston s'il l'avait, et, si au contraire il ne l'avait pas, il le paie, non-seulement pour lui, mais encore aux autres joueurs; et la peine est juste, puisque c'est lui qui l'a anéanti; et pour surcroît de peine, il faut encore qu'il paie aux trois autres joueurs sa misère manquée sans oublier la levée qu'il a faite, et qui plus est, le chelem en sens inverse.

D'après la contrariété que ce joueur a fait éprouver à la société, et les punitions qui s'en sont suivies, je crois qu'il ne sera pas tenté de récidiver.

CHAPITRE XI.

Des Cartes à jouer.

Comme le coup doit être réglé par la parole, on ne doit voir sur le tapis que la carte de la retourne, pour que chacun des joueurs ait le temps de se convaincre quelle est sa couleur. Aucune autre ne doit être aperçue, car l'indication indiscrète d'une couleur, quelle qu'elle soit, est si intéressante qu'elle peut déterminer tel ou tel joueur, soit à passer, soit à faire une demande, ou à jouer le solo. Ainsi donc si quelqu'un par hasard ou volontairement, et même par erreur, laisse tomber sa carte sur le tapis, les autres joueurs peuvent le forcer de jouer l'indépendance dans cette couleur. Il est défendu de jeter sa carte sur le jeu avant son tour.

Rien ne force un joueur de couper quand il n'a pas de la couleur demandée; il peut se défaire de ses cartes indifférentes. On ne peut pas reprendre une carte qu'on a jouée, quand même on se serait trompé.

Si un joueur ne donne pas de la couleur demandée, et que cependant il en

8 **

ait, les autres joueurs le forcent d'en donner, et ce sous peine de la renonce, sans que son associé participe à cette peine. On ne doit pas non plus donner deux cartes en jouant, sans s'exposer comme il sera dit au chapitre de la renonce.

Si un joueur, espérant faire le reste des levées, étale sur la table ce qu'il tient encore de cartes dans sa main, c'est une fanfaronade; il est obligé de faire tout ce qui reste à faire, et s'il manque d'une seule, il nuit non-seulement à lui-même, mais encore à son associé, car la totalité de leurs cartes appartient à leurs adversaires; alors le proverbe (qui trop veut perd tout) peut lui être appliqué.

CHAPITRE XII.

De la Renonce.

Celui qui renonce volontairement au jeu est impardonnable, car il est cause que tout est culbuté dans les idées des autres joueurs; aussi toutes les mauvaises fautes du coup lui sont applicables, même par son associé. Ainsi, celui qui renonce ne peut ni gagner ni faire perdre son associé, ni les autres joueurs.

Ainsi celui qui est en société volontaire, et qui renonce pendant le cours du coup ou à la fin, est responsable de tout; et quand même il ferait avec son associé huit levées ou plus, non-seulement il ne gagne rien, mais il empêche son asocié de gagner; la corbeille reste, et il paie seul la bête, à cause de sa renonce.

Le joueur qui est en société nécessaire, et renonce comme celui dont il vient d'être parlé plus haut, est également responsable de tout; car s'il a fait six levées avec son associé, ni l'un ni l'autre ne reçoit rien des perdans: la corbeille reste, puisqu'elle est gagnée, mais le renonçant la double, et s'il ne fait que cinq levées, ou moins, la corbeille se prend, puisqu'elle est gagnée, malgré sa renonce, et il paie la bête à la corbeille par autant de fiches qu'elle en avait, ensuite la consolation, qui plus est le coup, tant pour lui que pour son associé; et s'il y a plusieurs renonces dans le coup, il faut payer autant de bêtes à la corbeille qu'il y a eu de renonces, et ce, parce que la corbeille ne doit éprouver aucune diminution sur ce qui doit la garantir.

Si le coup est gagné en solo, celui qui a renoncé commence à payer la bête à la corbeille, ensuite le coup et la consolation, tant pour ses associés que pour lui.

Si le solo se perd, celui qui a renoncé ne reçoit rien du perdant; la corbeille reste, et il est obligé de la doubler; ensuite il doit payer à ses associés ce que le joueur en solo, qui a perdu, devrait leur payer, et cela est de toute justice.

Si c'est le joueur en solo qui a renoncé et qui gagne le coup, la corbeille reste; il ne reçoit rien des trois autres, paie la bête à la corbeille, mais ne paie rien aux adversaires, puisqu'il a fait son devoir. C'est une indulgence qu'on a pour lui; car s'il était de mauvaise foi, et qu'il eût coupé mal-à-propos (avec intention) pour s'emparer de la main, par là jouer ses forts atous et enlever des jeux de ses adversaires les petits atous avec lesquels ses belles cartes eussent été coupées: il n'en aurait pas moins fait son devoir, et cependant il aurait évité, par un moyen peu légal, le paiement du coup et en serait quitte pour la bête: il en est donc quitte pour la bête à la corbeille, et il évite le paiement du coup.

Si le joueur en solo renonce et perd le coup, il le paie ; la corbeille a comme une première bête, et quand cette première bête est gagnée, il est obligé d'en fournir une seconde pour sa renonce.

Celui qui coupe en renonçant, garde la levée, si on ne le surcoupe pas, et supporte seul l'événement du coup, paie la bête, malgré que la main ne lui soit pas restée, et cela parce qu'il a renoncé.

CHAPITRE XIII.

Réglemens des paiemens.

Celui à qui Boston est échu, le représente à chaque coup, et reçoit des autres joueurs deux fiches en tour simple, et quatre en tour double, malgré que les autres joueurs aient passé, ou qu'ils aient perdu en jouant, parce que l'honneur est toujours payé. Si on a coupé les cartes, on ne peut rien demander ; mais il faut que les cartes aient été mêlées et la corbeille mise en place.

TOURS SIMPLES.

Demande en petite couleur, acceptée et gagnée.

TOUR SIMPLE.

Ceux qui gagnent reçoivent chacun

d'un autre joueur la quantité de fiches
ci-après ;

Savoir :

Pour le devoir de huit levées,
ce qu'on appelle consolation,
c'est. . . . . 2 fiches.
 9 levées 4
10 6
11 et le devoir 8
12 10

  A la treizième levée, tout se paie double, à cause du chelem.
  En conséquence,
13 levées, 1.° le devoir. . . 4 fiches.
  Et 2.° cinq levées en sus du
devoir, à raison de quatre fiches
par levée, ou le chelem simple,
parce qu'il est joué à deux . . 20
————
Total. . 24

Demande en belle, acceptée et gagnée.

TOUR SIMPLE.

Pour le devoir. . . . . 4 fiches.
 9 levées 8
10 12
11 16
12 20

A la treizième, tout se paie double.

En conséquence,

13 levées, 1.º le devoir. . . 8 fiches.

2.º Cinq levées en sus du devoir, à raison de 8 fiches par levée, ou le chelem simple. . 40

Total. . 48

Indépendance ou Solo, petite couleur, gagné, se paie double.

TOUR SIMPLE.

Celui qui joue l'indépendance ou le solo, et gagne, reçoit de chacun des autres joueurs :

Pour son devoir de huit lev. 16 fiches.

9 levées 20

10. 24

11 et compris le devoir . . 28

12. 32

A la treizième levée, le paiement se double encore.

En conséquence,

13 levées, 1.º le devoir. . . 32 fiches.

2.º Cinq levées en sus, ou le chelem, à raison de huit fiches par levée 40

Total. . 72

*Indépendance ou Solo, belle couleur,
gagné, se paie double de la partie.*

TOUR SIMPLE.

Pour le devoir. . . . . . . 32 fiches.
  9 levées 40
  10. 48
  11. 56
  12 et le devoir 64

A la treizième levée, le paiement se double encore.

En conséquence,
13 levées, 1.° le devoir. . . 64 fiches.
  2.° Cinq levées en sus, à raison de seize fiches par levée. . 80

Total. . 144

*Demande en belle couleur, acceptée et
perdue.*

Quand la demande est acceptée et perdue, les défendeurs reçoivent chacun des demandeurs perdans, la quantité de fiches ci-après :
  1.° Devoir manqué. . . . . . 2 fiches.
  2.° Pour une levée perdue. . 2

Total. . 4

2 levées . . . . 6 fiches.
3 8
4 10
5 12
6 14
7 devoir manqué 16
8 levées 18
9 20
10 22
11 24
12 26

A la treizième levée le paiement se double; ainsi pour la treizième,

1.° Le devoir manqué. . . 4 fiches.

Et 2.° le chelem, à raison de quatre fiches par levée . . 52

$$\text{Total. . } 56$$

Demande en belle couleur, acceptée et perdue.

TOUR SIMPLE.

Lorsque la demande en belle acceptée est perdue en tour simple, les perdans payent le double de ce qui est réglé ci-dessus pour la petite couleur, tour simple.

*Indépendance, ou Solo en petite cou-
leur, perdue.*

TOUR SIMPLE.

Lorsque l'indépendance est perdue en
petite couleur, tour simple, le perdant
doit payer à chacun des trois autres
joueurs :

1.º Pour solo manqué . . 16 fiches.
2.º Pour une levée perdue.   4
                           ——
              Total. . 20

2 levées . . . . 24 fiches.
3 28
4 32
5 36
6 40
7 devoir manqué 44
8 levées 48
9 52
10 56
11 60
12 64

A la treizième, le payement se double.
En conséquence,

Pour le devoir manqué. . 32 fiches.
Et pour les treize levées ou
le chelem, à raison de huit
fiches par levée 104

Total. . 136

Nota. Il est, je crois, inutile de régler le payement jusqu'à la treizième levée, parce qu'il n'est pas croyable qu'un joueur demande une indépendance, n'ayant pas le moyen de faire une seule levée.

Cependant, après avoir demandé l'indépendance, il peut, par caprice, jouer de manière à ne faire aucune levée, ou bien se tromper en demandant l'indépendance, quand il devrait crier misère; et, dans ces deux cas, ou autres imprévus, ne point faire de levée.

Il se peut encore faire que le joueur demande misère, lorsqu'il devait demander solo, ou qu'il lui prenne fantaisie de faire toutes les levées, lorsqu'il n'en doit faire aucune.

Indépendance ou Solo , belle couleur perdue.

TOUR SIMPLE.

Lorsque l'indépendance est manquée

en belle, tour simple, le perdant doit
payer à chacun des trois autres joueurs
le double du réglement qui précède.

*Demande en petite couleur, non acceptée
et gagnée.*

TOUR SIMPLE.

Le joueur qui fait une demande, *et
n'est accepté de personne*, est libre de
ne faire que cinq levées pour son devoir.

Il gagne le coup, et reçoit de chacun
des trois autres joueurs, savoir :

Pour son devoir. . . . . . . 2 fiches.
1 levée. 4
2 6
3 8
4 10
5, y compris le devoir. . 12
6 14
7 16
Et comme à la huitième il fait chelem,
tout se paye double.

Ainsi, pour son devoir. . 4 fiches.
Pour huit levées en sus de
son devoir, à raison de quatre
fiches par levée 32
____
Total. . 36

*Demande en belle couleur, non acceptée
et gagnée.*

TOUR SIMPLE.

Le payement est double du réglement
qui précède.

*Demande en petite couleur, non acceptée
et perdue.*

Celui qui demande en petite couleur,
et qui ne fait pas son devoir de cinq levées, paye à chacun des trois autres
joueurs:

1.º Pour son devoir manqué. 2 fiches.
2.º Pour une levée perdue . 2
                              ——
                    Total. . 4
                              ——

2 levées 6
3, y compris le dev. manqué. 8
4 10
A la cinquième levée perdue, tout se
paye double à chacun des trois autres
joueurs.

Ainsi, pour le dev. manqué. 4 fiches.
Pour cinq levées perdues, à
raison de quatre fiches par levée. 20
                              ——
                    Total. . 24

9 **

Demande en belle couleur , non accep-
tée et perdue.

Le payement est double du réglement
qui précède.

TOURS DOUBLES.

En tours doubles, tous les payemens
sont doubles. Un seul exemple suffit pour
tout régler.

Demande en petite couleur , acceptée
et gagnée.

TOUR DOUBLE.

Ceux qui demandent , sont acceptés
et gagnent en petite couleur , reçoivent
chacun des autres joueurs la quantité de
fiches ci-après ;

Savoir :

Pour le devoir et huit levées　4 fiches.
　9 levées . . . .　8
　10 . . . .　12
　11 , compris le devoir . . .　16
　12 . . . .　20
　　　　　　　　　———

A la troisième levée , tout se paye
double, ainsi :

Pour le devoir de huit levées 8 fiches.

Pour les cinq levées en sus du devoir, ou le chelem, à raison de huit fiches par levée. 40

Total. . 48

Demande en belle couleur, acceptée et gagnée.

TOUR DOUBLE.

Pour le devoir de huit levées. 8 fiches.
 9 levées 16
10 24
11, y compris le devoir . . 32
12 40

A la treizième levée, tout se paye double, ainsi :

Pour le devoir de huit levées. 15 fiches.

Pour les cinq levées en sus du devoir, ou le chelem, à raison de seize fiches par levée. 80

Total. . 95

Ainsi de suite, en doublant tous les réglemens faits pour les tours simples, tant pour le gain que pour la perte.

Celui qui néglige de se faire payer du

coup doit savoir qu'il ne peut plus rien demander quand un autre coup est commencé.

Quand la corbeille est en place et les cartes coupées, le coup est réputé commencé.

JEU DE LA TRIOMPHE.

ON joue ce jeu à deux personnes, avec un jeu de trente-deux cartes.

Les cartes ont la même valeur qu'à la mouche. Le roi est supérieur à la dame, la dame au valet, le valet à l'as, l'as au dix, le dix au neuf, le neuf au huit, et le huit au sept.

La main se tire au sort. A cet effet chacun coupe à son tour, et découvre la carte du dessous de sa coupe; celui qui a découvert la plus basse est dernier en cartes et donne; il mêle d'abord les cartes, fait couper, distribue ensuite en deux fois, cinq cartes à son adversaire et cinq cartes à lui; une fois deux cartes, et ensuite trois; ou une fois trois cartes et ensuite deux.

Après avoir donné ces dix cartes, il retourne la première de celles qui restent au talon ; cette carte retournée forme l'atout ou la triomphe.

L'autre joueur, celui qui a la main, commence par jouer telle carte qu'il lui plaît ; son adversaire est obligé de fournir de la couleur jouée, s'il en a, et même de forcer. S'il n'a point de cette couleur et qu'il ait de l'atout, il est obligé de couper.

Le joueur qui a fait la levée joue le premier pour la levée suivante.

Après les cinq cartes jouées, celui qui a fait plus de levées gagne le point.

Lorsqu'un des deux joueurs fait les cinq levées, ce qu'on appelle faire la vole, il gagne deux points.

Lorsqu'un joueur craint que son adversaire fasse la vole, il peut lui offrir le point. Si l'autre le refuse et qu'il ne fasse point la vole, il perd deux points.

Voici les règles principales de ce jeu.

1. La main est bien tirée même avec un jeu faux.

2. Quand on tire la main, celui qui ne découvre point la carte qu'il a tirée est censé avoir tiré la plus basse.

3. Si en tirant la main un joueur montre deux cartes, la première qu'on a aperçue détermine si on est premier ou dernier.

4. Lorsqu'un joueur, au lieu de couper remêle les cartes, l'adversaire peut prendre un autre jeu pour donner.

5. On peut exiger de refaire quand la coupe n'est point nette, ou qu'il y a eu une carte de vue.

6. On est tenu de donner dans le cours de la partie de la manière qu'on a commencé.

7. Lorsqu'un jeu se trouve faux, le coup est nul; mais tous les coups précédens sont bons.

8. Quand on s'aperçoit, après le coup, qu'il manquait une carte dans le jeu, le coup est bon.

9. Celui qui joue avant son tour n'est tenu que de reprendre sa carte.

10. Le joueur qui mêle son jeu avec le talon perd deux points.

11. Qui quitte la partie la perd.

12. Les joueurs ont le droit de tenir pour eux-mêmes les paris faits par la galerie.

13. Un parieur ne doit pas regarder le jeu de celui contre qui il parie.

14. Un spectateur qui conseille est passible du tort que son indiscrétion pourrait occasionner à l'autre joueur.

15. Les joueurs ayant chacun quatre points, dans une partie qui se joue en cinq, peuvent composer entre eux, s'il n'y a point de paris.

16. Dans une partie où il y a des parieurs, le joueur qui a offert le point est tenu de montrer son jeu à la galerie.

17. La galerie peut avertir lorsqu'il y a mal-donne.

18. Si un joueur renonce ou sous-force il perd un point. La galerie est autorisée à faire remarquer cette faute. Celui qui l'a faite est obligé de mettre à découvert sur le tapis les cinq cartes de son jeu pour jouer et terminer le coup.

Si c'est le premier qui a renoncé ou sous-forcé, il faut qu'il joue sa première carte au choix du dernier.

Si la faute est faite par le dernier, le premier recommence par la carte qu'il juge à propos.

19. Si le joueur qui donne la carte retourne une autre carte que la onzième, pour former la triomphe ou l'atout, le

premier peut s'y tenir ou faire recommencer la donne.

20. Lorsqu'un joueur qui est premier donne par erreur les cartes, il peut revenir tant qu'il n'a pas retourné, mais du moment que la retourne est connue, il perd sa primauté, et le coup doit se jouer.

21. Si pendant qu'on donne les cartes, les joueurs ou la galerie s'aperçoivent qu'il y en a dans le jeu de retournées on doit refaire; si l'on ne s'en aperçoit qu'après qu'on a retourné, la donne est bonne.

JEU DU VINGT-UN.

CE jeu se joue avec un jeu de 52 cartes qui ont leur valeur nominale, à l'exception de l'as qui vaut un point ou onze points au choix du joueur.

Le nombre des joueurs est illimité.

Chaque joueur est banquier à son tour; on tire au sort à qui sera le premier.

Chaque joueur met devant lui la somme qu'il lui plaît de jouer; mais on convient ordinairement d'avance du *maximum*, c'est-à-dire, de la plus forte somme qu'on pourra mettre.

Le banquier mêle les cartes, fait couper à sa gauche, et distribue ensuite deux cartes à chaque joueur en deux tours, une à la fois.

Chaque joueur dit *je m'y tiens* ou bien *carte*.

Quand le joueur demande carte, le banquier lui donne une carte à découvert; le joueur peut encore s'y tenir ou demander *carte* une ou plusieurs fois, suivant qu'il juge cela nécessaire pour arriver au point de *vingt-un*, comptant à chaque fois suivant son intérêt, les as qu'il a dans son jeu, pour un point ou pour onze points.

Quand un joueur s'y tient, on crève, c'est au joueur suivant à parler.

Le joueur qui crève, c'est-à-dire, dont les cartes forment un point au-dessus de vingt-un, donne au banquier tout ce qu'il a mis devant lui, et jette ses cartes quand c'est au banquier à parler.

Le banquier est, comme les autres, libre de s'y tenir ou de se donner une ou plusieurs cartes successivement.

S'il crève, il paie à chaque joueur

qui n'a pas crevé, la somme que ce joueur a mise devant lui.

S'il s'y tient, il abat son jeu et tous les joueurs en font autant; alors il paye à chaque joueur qui a un point supérieur au sien, l'argent qu'il a mis devant lui; il reçoit au contraire de chaque joueur qui a un point inférieur au sien, l'argent que ce joueur a mis devant lui.

Quand un joueur a vingt-un de la première fois, ce qui se fait par un as et un dix, ou par un as et une figure, il abat son jeu, et le banquier lui paie sur le champ et sans attendre la fin de la tournée, le double de ce qu'il avait devant lui.

Quand un joueur a *vingt-un* par le moyen de la carte ou des cartes qu'il a demandées, il abat son jeu; et le banquier lui paie sur le champ et sans attendre la fin de la tournée, ce qu'il avait devant lui.

Quand le banquier a vingt-un de la première fois, il abat son jeu; et ce que chaque joueur a mis devant lui, lui est payé double par chacun.

La banque est finie quand le banquier a donné toutes les cartes; lorsqu'il n'en reste plus qu'une ou plusieurs, mais pas assez pour faire le tour, le banquier distribue d'abord celles qu'il a, et ensuite prend une poignée, de celles qu'il a déjà données, mêle, fait couper et finit la tournée.

LE TRENTE-UN
ou LE TRENTE ET QUARANTE.

CE jeu se joue avec six jeux de cartes complets, chacun de 52 cartes, au total 312 cartes.

Il faut pour le jouer un banquier ou plutôt un tailleur qui le représente, et des joueurs ou pontes. Le nombre des pontes est illimité.

On se sert pour ce jeu d'une grande table presque carrée, couverte d'un tapis vert; au milieu est la banque, c'est-à-dire, l'argent qui appartient au banquier et qui est destiné à payer les joueurs lorsqu'ils gagnent. A droite et à gauche sont les places ou le ponte doit mettre son argent pour désigner la chance qu'il veut jouer. Ces chances sont : 1.° *la noire* et *la rouge*, désignées par un rond rouge et un rond noir, qui sont

10 *

vis-à-vis l'un de l'autre sur le tapis et dans un carré long, formé par des bordures jaunes, cousues sur le tapis; 2.° *la couleur* et *l'inverse :* la place où il faut mettre son argent quand on veut courir la chance de *la couleur*, est une bande étroite qui se trouve entre les deux carrés de la rouge et de la noire; la place où il faut mettre son argent quand on veut courir la chance de *l'inverse*, est un amas de plusieurs cercles jaunes placés aux extrémités de la table. Ceux qui voudront connaître plus particulièrement une table de trente-un, ne manqueront point d'occasions de satisfaire leur curiosité; mais je les avertis que cette curiosité pourra leur coûter cher.

Il y a plusieurs tailleurs qui se remplacent successivement; l'un tire les cartes, les autres payent les pontes et surveillent le jeu.

Le tailleur en activité décachète devant les joueurs six jeux de cartes qu'il compte également en leur présence, puis il passe les cartes au tailleur qui est vis-à-vis de lui, lequel mêle les cartes par poignée, et les jette ensuite aux joueurs de droite qui ont le droit de les mêler et les repassent au tailleur en activité, qui les mêle lui-même encore par poignées, prend les six jeux, les remêle tous à la fois et fait couper.

La coupe se fait en présentant une carte blanche des deux côtés à l'un des joueurs, qui coupe avec cette carte blanche à l'endroit qui lui convient.

On ne peut couper moins de trois cartes.

Le tailleur complète la coupe en mettant sous la carte de dessus toutes les cartes qui se trouvent avant la carte blanche des deux côtés. Il a bien soin dans cette opération que l'on ne voie pas la carte qui est avant la carte blanche.

Autrefois on coupait avec une carte qui valait dix points ; et comme la carte avec laquelle on a coupé se trouve nécessairement la dernière, les connaissances qu'on avait de cette dernière, pouvaient, quoique très-difficilement, amener en certains cas des résultats certains pour le ponte qui était parvenu à compter tous les points et connaître toutes les cartes qui étaient sorties.

Les joueurs mettent alors sur le tapis à *rouge* ou à *noire*, à *la couleur* ou à *l'inverse*, la somme qu'il leur plaît de jouer. On ne peut jouer moins de trois francs et plus de douze mille francs à

la fois, excepté dans les deux cas suivans:
1.º si le chef de partie veut consentir
sur la demande qu'on lui en fait à accepter plus de douze mille francs; 2.º si
on y est forcé par la martingale; nous
dirons plus tard ce que c'est qu'une
martingale.

Le tailleur pendant ce temps a placé
les cartes devant lui, en a pris une
poignée, et dit : *le jeu est fait, rien
ne va plus.* Quand il a dit ces paroles
sacramentelles, on ne peut plus rien
mettre sur le tapis. L'argent qu'on y
mettrait serait rendu au joueur pares-
seux qui ne pourrait courir aucune
chance de gain ou de perte.

Le tailleur tire ensuite une carte qu'il
découvre, puis une seconde, puis une
troisième, qu'il place sur une même rangée de droite à gauche, etc., jusqu'à
ce qu'il amène un point au moins égal
à trente-un, de manière que lorsqu'il
n'a amené que le point de trente, il
faut qu'il tire encore une carte.

Les cartes conservent leur valeur
nominale. L'as vaut un point, le deux
2 points, le trois 3 points, le quatre
4 points, le cinq 5 points, le six 6
points, le sept 7 points, le huit 8

points, le neuf 9 points, le dix 10 points,
et les figures 10 points chacune.

La première rangée de cartes dont le
nombre de points est égal au moins à
trente-un et ne peut par conséquent
dépasser le nombre de quarante est pour
la noire, c'est-à-dire, qu'elle détermine la
chance de ceux qui ont mis de l'argent sur
le côté du tapis où il y a un rond noir.

Le tailleur tire de la même manière
une autre rangée de cartes pour la rouge.

S'il a amené trente-six points dans
la première rangée de cartes, ce qu'il
annonce aux joueurs, en disant *six*,
pour éviter de répéter le mot *trente* qui
reviendrait trop souvent, mais qui est
sous-entendu, et trente-cinq points dans
la seconde rangée de cartes, ce qu'il a
annoncé aux joueurs, en disant *cinq*,
il ajoute *rouge gagne*, parce que c'est
toujours le point de trente-un, ou celui
qui en approche le plus qui gagne. Alors
les deux tailleurs qui sont en face l'un
de l'autre, ramassant tout l'argent qui
est sur le côté *noir*, et doublent tout
l'argent qui est sur le côté *rouge* qui
est ramassé par les joueurs qui gagnent.

Il me reste à parler de l'argent placé
sur les chances de la *couleur* et de *l'in-*

verse; c'est la couleur de la première carte tirée par le banquier qui détermine *la couleur*. Si donc la première carte du coup précédent tirée par le tailleur, est noire, comme c'est la rouge qui a gagné, *la couleur* a perdu, ce que le tailleur a exprimé, en ajoutant ces mots : *rouge gagne*, ceux-ci *et couleur perd*. Les deux tailleurs ont donc dû ramasser tout l'argent qui était placé sur la chance de *la couleur* et doubler tout l'argent qui était placé sur la chance de *l'inverse*.

Pour mieux me faire comprendre, je vais citer un exemple contraire, c'est-à-dire, un cas où *la noire* et *la couleur* gagnent. Supposons que le tailleur amène d'abord pour la première rangée, roi de pique, dix de trèfle, sept de carreau et quatre de pique, ce qui fait le nombre de trente-un, ce qu'il exprime par *un* prononcé à haute voix, et qu'il amène ensuite pour la seconde rangée, dame de trèfle, neuf de cœur, neuf de pique et cinq de carreau, ce qui fait trente-trois, ce qu'il exprime par *trois* prononcé à haute-voix, c'est la noire qui gagne, puisque le tailleur a amené dans la première rangée de cartes le point de *trente-un*, et que comme nous l'avons déjà dit, 1.º la première rangée de cartes est pour la noire; 2.º c'est la chance qui a le point de trente-un, où le point qui en approche le plus qui gagne. Le tailleur dit donc à haute voix, *rouge perd* et il ajoute *et couleur gagne*, parce que la première carte tirée est un roi de pique, par conséquent noire, et que dans ce cas la couleur étant noire, la couleur gagne puisque la noire gagne. Si la première carte avait été roi de carreau, la couleur aurait perdu, puisque c'est la noire qui a gagné; ce que le tailleur aurait exprimé en disant: *rouge perd et couleur.*

Quand le tailleur a amené dans la seconde rangée de cartes qui est pour la rouge, le même point qu'il a amené dans la première rangée qui est pour la noire; il y a ce qu'on appelle un *refait*, c'est-à-dire, que le coup est nul et que le tailleur tire d'autres cartes. Le ponte peut dans ce cas changer son jeu, jouer plus, jouer moins, ou ne rien jouer du tout.

Quand ce même point amené pour la noire et pour la rouge est *trente-un*, la moitié de tout ce qui est au jeu sur la *rouge*, sur la *noire*, à la *couleur*, à *l'inverse* appartient au banquier; et le tailleur le ramasse, si mieux n'aime le joueur être ce qu'on appelle *en prison*. La prison est un cercle tracé sur le tapis, où l'on met dans ce cas l'argent de toutes les chances; au coup suivant, le ponte qui a gagné retire simplement sa mise, et celui qui a perdu ne retire rien; ce qui équivaut avoir donné au banquier la moitié de son argent le coup précédent, et en avoir joué la moitié le coup d'ensuite; quelquefois le tailleur amène deux, trois et quatre fois trente-un de suite; dans ces cas, le banquier gagne la moitié de ce que chaque ponte avait au jeu. Si donc un joueur avait au premier coup cent francs, le premier trente-un lui fait perdre cinquante francs; il n'a donc plus en prison que cinquante francs après le premier trente-un; vingt-cinq francs après le second; douze francs cinquante centimes après le troisième, six francs vingt-cinq centimes après le quatrième trente-un. Heureusement que trois et quatre trente-un de suite sont extrêmement rares.

Martingaler. C'est jouer en un coup toujours au moins autant qu'on a perdu en plusieurs.

Paroli. C'est le double de ce qu'on a joué le coup précédent qu'on vient de gagner.

Paroli et masse en avant. C'est le double de ce qu'on a mis le coup précédent, plus ce qu'on a mis le coup précédent. Si on a joué cinq francs la première fois, et qu'on ait gagné, on ajoute la seconde fois cinq autres francs, ce qui fait quinze francs au second coup ; c'est ce qu'on appelle *faire paroli et masse en avant.*

Taille. Se dit de chaque fois que le tailleur a fini de tirer toutes les cartes.

LE PHARAON.

Ce jeu se joue avec un jeu de cinquante-deux cartes.

Il n'y a qu'un banquier ; le nombre des joueurs est illimité.

Après que les cartes ont été mêlées, et que le banquier a fait couper, les pontes mettent chacun, sur une ou plusieurs cartes, l'argent qu'ils veulent risquer ; ensuite le banquier tire d'abord une carte qu'il met à sa droite, et qu'on appelle *carte de face*, et ensuite, une autre qu'il met à sa gauche, et qu'on appelle *carte anglaise*, et il continue ainsi, jusqu'à ce qu'il n'ait plus de cartes.

La première carte, dite *carte de face*, fait gagner au banquier la mise que les pontes ont faite sur cette carte ; la seconde carte, dite *carte anglaise*, fait gagner aux pontes la mise qu'ils ont faite sur cette carte. Ainsi donc, si le hasard veut que les pontes aient mis plus d'argent sur les cartes qu'il a tirées en second placées à sa gauche, que sur celles qu'il a tirées en premier, et qu'il a placées à sa droite, le banquier perd ; mais ce qui assure ses bénéfices, c'est que : 1.º lorsqu'il a mis un doublet, c'est-à-dire, que la *carte de face* et la *carte anglaise* sont deux cartes de même espèce, comme deux as, deux rois, etc. ; il gagne la moitié de l'argent que chaque ponte avait mis sur cette carte. 2.º Il est dispensé de payer l'argent que les pontes ont joué sur la carte qu'il tire en dernier, quoiqu'il se fasse payer de la carte qu'il a tirée auparavant, dite *carte de face*.

Toute carte qui a souffert taille, doit

rester jusqu'à ce que le sort en soit décidé.

Un jeu fait ne peut ni se changer, ni se transporter, si ce n'est du consentement du banquier.

Lorsque le banquier met deux cartes de suite sur un même tas, soit à droite, soit à gauche, il fait ce qu'on appelle *fausse taille.*

Il fait encore *fausse taille*, lorsque, sous tel prétexte que ce soit, il ne finit point la taille.

Il fait encore *fausse taille*, lorsqu'il fait quelque mouvement suspect, tel par exemple, que celui par lequel il remettrait sur le talon une carte qui en aurait été détachée; mais il en serait différemment, si, sans le vouloir, il tirait en même temps deux cartes qui tiendraient ensemble; il suffirait alors de les détacher l'une de l'autre à la vue des pontes, et de les placer où elles doivent être.

Quand un banquier fait fausse taille, il est obligé de payer toutes les mises des pontes, comme s'ils avaient gagné, mais on ne revient point sur les mises antérieures.

Une carte de plus ou de moins dans le jeu n'établit point une fausse taille.

11.

JEU DE LA MOUCHE.

On joue à ce jeu depuis trois jusqu'à six personnes. Lorsqu'on n'est que trois, on se sert d'un jeu de 32 cartes ; lorsqu'on est en plus grand nombre, on se sert d'un jeu entier de 52 cartes.

L'un des joueurs extrait du jeu 3, 4, 5 ou 6 cartes, suivant le nombre des joueurs. Ces cartes sont toujours extraites dans l'ordre suivant : roi, dame, valet, as, dix et neuf, il les mêle et les présente à chaque joueur qui en prend une. Celui qui a pris le roi est premier en cartes, la dame second, le valet troisième, l'as quatrième, le dix cinquième et le neuf sixième.

On convient de ce que l'on joue, qui est ordinairement représenté par des jetons et des fiches, dont chaque joueur a pris et payé une égale quantité. Supposons que l'on veuille jouer le jeton à deux sous, chaque joueur a prix dix jetons et quatre fiches, et déposé au maître de la maison et cinq francs qui représentent les fiches et les jetons, les fiches valant dix jetons. Chaque joueur met un jeton au jeu.

Le dernier en cartes fait, c'est-à-dire, mêle les cartes, donne à couper au joueur qui est à sa gauche, et distribue ensuite cinq cartes à chacun des joueurs, en deux tours; il en donne à chacun d'abord trois et ensuite deux, ou d'abord deux et ensuite trois, et il retourne ensuite la première de celles qui restent; c'est cette carte retournée qui détermine la couleur de l'atout.

On est tenu de donner comme on a commencé.

Le premier en cartes s'y tient, ou demande autant de cartes qu'il croit en avoir de mauvaises dans son jeu, et met à l'écart celles qu'il rebute, et qu'il remplace par celles qu'il a demandées. Celui qui a donné les cartes, continue d'en donner à ceux qui en demandent, tant qu'il y en a. Quand il n'y a plus de cartes, le joueur est obligé de jouer avec celles qu'il a.

Le dernier en cartes peut, comme les autres joueurs, prendre des cartes au talon; mais dans tous les cas la retourne lui appartient, et il écarte en conséquence

11 *

une carte de son jeu qu'il remplace par la retourne. Le dernier a donc toujours un atout.

Les écarts et les données finis, le premier en cartes commence à jouer. Voici l'ordre et la valeur des cartes. Le roi est supérieur à la dame, la dame au valet, le valet à l'as, l'as au dix, le dix au neuf, le neuf au huit, le huit au sept, le sept au six, le six au cinq, le cinq au quatre, le quatre au trois et le trois au deux.

Le premier en cartes joue telle carte et de telle couleur qu'il veut. Les autres, suivant leur tour, sont forcés non-seulement de fournir de la couleur que le premier a joué, mais encore de jouer une carte supérieure à la carte jouée avant eux, si toutefois ils en ont. Si donc le premier avait joué un huit de cœur et que le second en eût le roi et le sept, il serait obligé de jeter le roi, etc.

C'est toujours ensuite à celui qui a fait la levée à jouer le premier.

Toutes les levées faites, chacun prend autant de jetons qu'il a fait de levées.

Celui qui ne fait point de levées est à la mouche, c'est-à-dire, qu'il paye

autant de jetons qu'il y en a au jeu. Il
y a quelquefois plusieurs mouches.

Celui qui était premier en cartes est
dernier au second tour, et c'est lui qui
donne les cartes.

Lorsqu'il y a eu une ou plusieurs
mouches, (ce qui n'empêche que chaque joueur mette un jeton au jeu), le
jeu n'est point forcé, c'est-à-dire, que
chaque joueur est libre d'y aller ou de
ne pas y aller. Le joueur qui n'y va
pas, dit *je passe*, et jette ses cartes.
Alors il ne peut rien perdre, ni rien
gagner à ce tour là, ou du moins il ne
perd que les jetons qu'il a mis au jeu.
Si tous les joueurs passent, on recommence, et chaque joueur met encore au
jeu un jeton. Malheur à celui qui ne fait
point de levées au tour suivant, il est
à la mouche d'autant de jetons qu'il y
en a au jeu. Les autres joueurs se partagent les jetons suivant le nombre des
levées.

On peut, lorsqu'il y a trop de mouches et qu'on ne veut pas jouer trop
gros jeu, diviser les mouches en plusieurs tours.

Lorsqu'un joueur a, de la première
donné, cinq cartes de la même cou-

leur, il a ce qu'on appelle la mouche, et gagne, sans jouer, tout ce qui se trouve au jeu, même toutes les mouches qui peuvent être dues.

Quand plusieurs joueurs ont cinq cartes de la même couleur, celui qui les a en atout l'emporte sur tous les autres; celui qui a le plus de points l'emporte sur ceux qui en ont moins; et en cas d'égalité de points, celui qui est le premier à la droite du distributeur de cartes, l'emporte sur les autres.

L'as vaut onze points, les figures dix et les autres cartes le nombre de points qu'elles présentent.

Quand un joueur a la mouche, c'est-à-dire, cinq cartes de la même couleur, tous les joueurs qui n'ont point passé sont à la mouche. C'est pourquoi un bon joueur se garde bien de laisser apercevoir qu'il a la mouche. Si quelqu'un, se doutant qu'il a la mouche, lui demande avant d'y aller s'il jouera la mouche, il n'est pas obligé de le dire; mais il ne lui est pas permis non plus de mentir en disant qu'il ne l'a pas.

Celui qui renonce, c'est-à-dire, ne fournit pas de la couleur qu'on lui demande lorsqu'il en a, est à la mouche.

Celui qui *sous-force*, c'est-à-dire, donne une carte de la couleur, mais inférieure à la carte sur laquelle il joue, tandis qu'il en a une supérieure, est à la mouche.

Celui qui n'a point de la couleur qu'on lui demande, lorsque cette couleur n'est point de la retourne, autrement dit de l'atout, est obligé de prendre ou couper avec de l'atout s'il en a, sinon il est à la mouche.

Quand un joueur qui n'a point de la couleur a coupé avec de l'atout, le joueur suivant, s'il n'a pas de la couleur dont le premier a joué, doit surcouper, c'est-à-dire, prendre avec un atout plus fort, sinon il est à la mouche.

Quand on a mal donné, on refait; il n'y a aucune peine attachée à cette faute.

Un joueur qui serait surpris à reprendre dans son écart, serait à la mouche et ne pourrait jouer sur le coup.

Si le jeu est intéressé, son action mérite d'être jugée sérieusement, et l'on fera mieux de l'exclure de la société, comme un fripon.

Quand on quitte, le maître de la maison donne à chacun l'argent des fiches et des jetons qu'il a devant lui, ce qui détermine le gain et la perte de chacun.

JEU DE LA BRUSQUEMBILLE.

On joue ce jeu à deux et quatre. On a un jeu de 32 cartes, dont on ôte deux sept si l'on veut jouer à trois ou à cinq personnes.

Si l'on est quatre on peut s'associer deux contre deux. Dans ce cas les deux associés peuvent se communiquer leur jeu et s'entendent sur la manière de jouer.

On appelle *Brusquembille* les as, les dix, qui, par conséquent, l'emportent sur toutes les autres cartes. Voici l'ordre dans lequel elles se suivent : l'as, le dix, le roi, la dame, le valet, le neuf, le huit et le sept.

On tire la main ; le dernier en cartes mêle les cartes, fait couper à sa gauche, et distribue les cartes aux joueurs trois par trois, après quoi il retourne la première du talon qu'il met sous le talon. Cette retourne fait la triomphe.

Le premier en cartes jette sur le tapis la carte qu'il veut ; chacun en jette une, et celui qui en a jeté une supérieure, ou qui a coupé avec une carte de la couleur de la retourne, autrement dit une triomphe, fait la levée.

Le joueur qui a fait la levée prend la première carte du talon. Chaque joueur prend successivement et à son tour une carte au talon; celui qui a fait la levée joue ensuite, et l'on continue ainsi par prendre des cartes au talon, et faire des levées jusqu'à ce qu'il n'y ait plus de cartes.

On peut jeter telle couleur qu'on veut sur la carte jouée.

Celui qui dans ses levées a le plus de points gagne la partie; un as vaut onze points; un dix, dix points; un roi, quatre points; une dame, trois points; et un valet, deux points.

Celui qui fait la levée avec la Brusquembille de l'as de triomphe, reçoit deux jetons de chaque joueur.

Celui qui fait la levée avec une Brusquembille, reçoit deux jetons de chaque joueur si la Brusquembille est un as, et un jeton seul si la Brusquembille est un dix.

Celui qui jette une Brusquembille et ne fait point la levée, perd deux jetons si la Brusquembille est un as, et un seul jeton si la Brusquembille est un dix.

Lorsque le jeu se trouve défectueux, personne ne peut sur le coup gagner la partie ; mais on ne peut revenir contre le paiement des Brusquembilles.

Si l'on trouve deux cartes semblables dans le jeu, et qu'on s'en aperçoive avant que le coup soit fini, le coup est nul. Si on ne s'en aperçoit que quand le coup est fini, le coup est bon.

Lorsqu'on a jeté sa carte, même avant son tour, on ne peut pas la reprendre.

Le joueur qui a pris au talon avant son tour la carte d'un autre, s'il l'a mise dans son jeu, doit la rendre à celui à qui elle appartient, et lui payer la moitié de ce qui est au jeu ; s'il n'a fait que la voir et ne l'a pas mise dans son jeu, il doit la rendre à celui à qui elle appartient et payer deux jetons à chaque joueur.

Le joueur qui, en prenant une carte au talon pour lui, en lève deux et voit la seconde, paye deux jetons à chaque joueur.

Lorsqu'on joue deux contre deux, si l'un des joueurs voit la carte qui doit appartenir à l'un de ses adversaires, ces derniers peuvent recommencer la partie.

Le joueur qui s'est trompé en accusant le nombre de ses points ne peut revenir contre son erreur quand les cartes sont mêlées.

JEU DU LANSQUENET.

QUOIQUE ce jeu ne soit plus en usage, nous le donnons ici, parce qu'il a été autrefois singulièrement en vogue, et qu'il est quelquefois cité dans les ouvrages de nos bons auteurs du siècle de Louis XIV.

On joue ce jeu avec un jeu entier de cinquante-deux cartes, à tel nombre de personnes que l'on veut.

Ceux qui tiennent la main alternativement sont appelés *coupeurs ;* les autres sont appelés *pontes* ou *carabins.*

Le coupeur qui tient la main mêle les cartes, fait couper et distribue une carte à chacun des autres coupeurs en commençant par sa droite. Ces cartes sont appelées *cartes droites,* pour les distinguer de celles qu'on tire aux autres tournées.

Chaque coupeur convient avant la distribution de la somme qu'il joue sur sa carte droite; ce qu'on appelle le *fonds du jeu.*

D'un autre côté, les pontes, avant que la carte du coupeur qui tient la main soit tirée, mettent la somme qu'ils jugent à propos à une chance qu'on appelle *la joie* ou *la réjouissance.*

Quand le jeu est fait, tant sur les cartes droites que sur la réjouissance, le coupeur qui tient la main se donne une carte qu'il découvre.

Après s'être donné cette carte, il tire celle qui doit décider du sort de la réjouissance.

Il tire ensuite d'autres cartes, et c'est de l'arrivée plus prompte ou plus tardive d'une carte semblable à celle qu'il s'est donnée que dépendent la perte et le gain de tous les intéressés, suivant les chances dont nous parlerons.

Quand le coupeur qui a la main donne une *carte droite* double à l'un des coupeurs, c'est-à-dire, une carte de même espèce que celle qu'il a déjà donnée à un autre coupeur; un roi de cœur, par exemple, s'il a déjà donné un roi de pique, de trèfle ou de carreau, il gagne la somme que le coupeur qui n'a pas la main est convenu de jouer sur sa carte; mais il est obligé de tenir deux fois cette somme sur la carte double.

Quand le coupeur qui a la main donne une *carte droite* triple à l'un des coupeurs, c'est-à-dire une carte de même espèce que celle qu'il a donnée auparavant à deux autres coupeurs, lesquelles forment la carte droite double dont on vient de parler, il gagne deux fois la somme jouée primitivement sur cette carte, mais il est obligé de tenir quatre fois la somme jouée primitivement, autrement dite le fonds du jeu sur la carte triple.

Quand le coupeur qui a la main donne une carte droite quadruple à l'un des coupeurs, tout ce qui a été joué sur les cartes droites simples ou doubles lui appartient, mais il perd ce qui est sur la carte triple, et il quitte à l'instant la main sans donner aucune autre carte.

Enfin, si la carte quadruple que tire le coupeur qui a la main est pour lui, il gagne tout ce qu'il y a sur les cartes des autres coupeurs, et il recommence la main.

Ce qui n'a point lieu quand c'est la carte de la réjouissance qui est quadruple ; le coup est nul pour cette chance, et chaque joueur retire l'argent qu'il y a mis.

Quand la carte d'un coupeur est prise, il doit payer le *fonds du jeu* à chacun des autres coupeurs qui ont une carte devant eux, c'est ce qu'on appelle *arroser ;* mais le perdant ne paye les cartes doubles ou triples que comme cartes simples.

Quand le coupeur qui a la main, amène une carte semblable à quelqu'une de celles qu'il a déjà tirées, il gagne ce qu'on a joué sur la carte tirée la première ; mais s'il amène une carte semblable à la sienne, avant d'amener des cartes semblables à celles qu'il a déjà tirées, il perd ce que les pontes ont mis sur la chance de la réjouissance.

On conçoit, par ce qui vient d'être dit, que la partie ne finit que quand le coupeur a retourné une carte semblable à la sienne.

S'il arrivait donc que, dans le cours de la partie, il retournât les douze cartes qui diffèrent de la sienne, et qu'ensuite il retournât douze autres cartes semblables à celles-là, il ferait ce qu'on appelle *main-pleine* ou *opéra*, car il gagnerait tout ce que les pontes auraient joué dans cette partie; mais si après avoir retourné les douze cartes qui diffèrent de la sienne, il en retournait une semblable à cette dernière, il serait tenu de doubler au profit des pontes tout ce qu'ils auraient joué sur ces douze cartes, et il éprouverait ce qu'on appelle un *coupe-gorge*.

Si la carte du coupeur se trouve double, c'est-à-dire, si ce sont deux valets, deux rois, deux dames, il ne va en ce cas que *la réjouissance* et *le fonds du jeu* qui se trouve sur les cartes droites; il faut, pour que les pontes puissent en pareille circonstance jouer sans désavantage, qu'il y ait sur le tapis d'autres cartes doubles que celles du coupeur. Autrement il y aurait de l'inégalité dans les chances, puisque n'y ayant dans le jeu que deux cartes semblables à celle du coupeur, elles viendraient plus tard que celles dont il y aurait trois dans le jeu.

La même règle et la même remarque

existent pour le cas où la carte du coupeur serait triple, c'est-à-dire, composée
de trois cartes semblables, trois dames,
trois valets, trois six, etc.

On joue encore à ce jeu *les partis.*
Les partis consistent à mettre trois contre deux quand on joue avec carte double
contre carte simple; ou deux contre
un, si on joue avec carte triple contre
carte double; ou enfin trois contre un,
lorsqu'on joue avec carte triple contre
carte simple.

Le coupeur qui a la main a le droit
de la garder toutes les fois qu'il lui arrive
de gagner les cartes droites des différens
coupeurs, quand même il n'en gagnerait aucune autre.

F I N.

TABLE.

FIN DE LA TABLE.